영어
성경 암송 습관

The Holy Bible

영어
성경 암송 습관

The Holy Bible

다니엘 번역팀 엮음

도서출판은혜의강

* 언제나 우리 곁에 계시고 말씀하시는 하나님을 친밀히 의식하며 사는 데 도움을 주기 위한 책입니다.

* 본문의 성경은 **개역한글**(한국어)과 *World English Bible*(영어) 버전입니다.

* 첫 장부터 차례대로 또는 아무데나 자유롭게 펼쳐 읽고 암송하며 묵상하십시오.

* 편안하게 따라 쓰면서 암송하는 것도 좋습니다.

"복 있는 사람은

악인의 꾀를 좇지 아니하며

죄인의 길에 서지 아니하며

오만한 자의 자리에 앉지 아니하고

오직 여호와의 율법을 즐거워하여

그 율법을 주야로 묵상하는 자로다.

저는 시냇가에 심은 나무가 시절을 좇아 과실을 맺으며

그 잎사귀가 마르지 아니함 같으니

그 행사가 다 형통하리로다."

_시편 1편 1-3절

Blessed is the man who doesn't walk in the counsel of
the wicked, nor stand on the path of sinners, nor sit in
the seat of scoffers; but his delight is in Yahweh's law.
On his law he meditates day and night.
He will be like a tree planted by the streams of water,
that produces its fruit in its season, whose leaf also
does not wither.
Whatever he does shall prosper.

_Psalms 1:1-3

인생의 모든 문제의 답과 행복의 비결은 하나님께 있습니다. 하나님께서 우리 인간을 지으셨고 우리가 행복하길 바라시기 때문입니다. 하나님과 이 행복의 비결을 알 수 있는 최선의 방법은 그분의 영감으로 써진, 그래서 능력 있고 살아 움직이는 성경 말씀을 늘 곁에 두고서 암송하며 묵상하고 실천하는 것입니다.

하나님의 말씀을 마음에 새기면, 살아가면서 우리를 향한 그분의 마음을 알고 문제에 부딪혔을 때 우리의 생각과 마음을 지키며 길을 찾을 수 있습니다. 우리가 기도하거나 묵상할 때 또는 삶의 어느 순간에든지 하나님께서 그 말씀들을 생각나게 하심으로써 바른 길로 인도해 주실 것이기 때문입니다. 그 인도하심을 잘 따라가면 우리는 인생길을 바르게 가고 성경에서 말하는 복 있는 사람이 될 것입니다.

"the holy Scriptures which are able to make you wise for salvation through faith which is in Christ Jesus."

"성경은 능히 너로 하여금 그리스도 예수 안에 있는 믿음으로 말미암아 구원에 이르는 지혜가 있게 하느니라"

디모데후서 3:15

"Your word is a lamp to my feet, and a light for my path."

"주의 말씀은 내 발에 등이요 내 길에 빛이니이다"

시편 119:105

우리를 사랑하시는 하나님 아버지의 마음이 잘 드러나고 그리스도인으로서 꼭 알아야 할 말씀들 166구절을 한국어와 영어 버전으로 나란히 실었습니다. 강력한 말씀들을 우리의 머리와 마음에 저장하는 습관, 날마다 말씀을 읽고 암송하며 묵상하는 습관을 들이는 데 이 작은 책자가 도움을 주고 싶습니다.

더불어 한국어 성경과 병행해 영어 성경을 읽으면서 말씀을 좀 더 명확하게 깨닫고, 배가된 감동을 느끼며, 영어 학습에도 도움을 받기를 바랍니다.

언제 어디서든 마음 가는 대로 아무 장이나 펼쳐서, 또는 앞에서부터 차례대로 읽고 묵상하고 또 읽고 묵상하기를 반복하면 어느덧 아름답고 힘 있는 말씀들이 우리 마음에 들어와 있는 것을 느낄 것입니다. 단, 억지로 외우려 하지 말고 말씀 한 구절 한 구절을 바르게 깨달을 수 있도록 성령님께 도움을 구하면서 천천히 읽고 곱씹기를 제안합니다.

힘든 세상살이에서 뒤처지지 않기 위해 때로는 위로와 격려를 받기 위해, 궁극적으로는 참 복을 얻기 위해 애쓰며 사는 모든 이들이, 참 지혜와 생명의 길을 밝히 보여 주는 귀중한 보물인 성경 말씀을 가까이 하여 믿음과 예수님을 아는 지식이 자라고, 날마다 새로운 기쁨과 행복한 삶을 누리기를 간절히 바랍니다.

다니엘 번역팀

▍Contents 차례

1. Waiting for God
하나님을 바라며

전심으로 여호와를 구하는 자

시편 119:1-3

행위 완전하여 여호와의 법에 행하는 자가 복이 있음이
여 여호와의 증거를 지키고 전심으로 여호와를 구하는
자가 복이 있도다 실로 저희는 불의를 행치 아니하고
주의 도를 행하는도다

주를 앙망하오니

이사야 33:2

여호와여 우리에게 은혜를 베푸소서
우리가 주를 앙망하오니 주는 아침마다
우리의 팔이 되시며 환난 때에 우리의 구원이 되소서

Seek him with their whole heart

Psalms 119:1-3

Blessed are those whose ways are blameless,

who walk according to Yahweh's law.

Blessed are those who keep his statutes,

who seek him with their whole heart.

Yes, they do nothing wrong.

They walk in his ways.

We have waited for you

Isaiah 33:2

Yahweh, be gracious to us.

We have waited for you.

Be our strength every morning,

our salvation also in the time of trouble

새 힘을 얻으리니

오직 여호와를 앙망하는 자는 새 힘을 얻으리니 독수리
의 날개 치며 올라감 같을 것이요 달음박질하여도 곤비
치 아니하겠고 걸어가도 피곤치 아니하리로다

나의 힘이 되신 여호와여

나의 힘이 되신 여호와여 내가 주를 사랑하나이다
여호와는 나의 반석이시요 나의 요새시오
나를 건지시는 자시요 나의 하나님이시오
나의 피할 바위시요 나의 방패시오
나의 구원의 뿔이시요 나의 산성이시로다

Renew their strength

Isaiah 40:31

but those who wait for Yahweh will renew their strength. They will mount up with wings like eagles. They will run, and not be weary. They will walk, and not faint.

I love you, Yahweh, my strength

Psalms 18:1-2

I love you, Yahweh, my strength.

Yahweh is my rock, my fortress, and my deliverer; my God, my rock, in whom I take refuge; my shield, and the horn of my salvation, my high tower.

한 가지

시편 27:4

내가 여호와께 청하였던 한 가지 일 곧 그것을 구하리
니 곧 나로 내 생전에 여호와의 집에 거하여 여호와의
아름다움을 앙망하며 그 전에서 사모하게 하실 것이라

내 영혼이 주를 찾기에 갈급하니이다

시편 42:1

하나님이여 사슴이 시냇물을 찾기에 갈급함 같이
내 영혼이 주를 찾기에 갈급하니이다

One thing

Psalms 27:4

One thing I have asked of Yahweh, that I will seek after: that I may dwell in Yahweh's house all the days of my life, to see Yahweh's beauty, and to inquire in his temple.

My soul pants after you, God

Psalms 42:1

As the deer pants for the water brooks,
so my soul pants after you, God.

내 영혼아 여호와를 송축하라

시편 103:1-5

내 영혼아 여호와를 송축하라
내 속에 있는 것들아 다 그 성호를 송축하라
내 영혼아 여호와를 송축하며
그 모든 은택을 잊지 말지어다
저가 네 모든 죄악을 사하시며
네 모든 병을 고치시며
네 생명을 파멸에서 구속하시고
인자와 긍휼로 관을 씌우시며
좋은 것으로 네 소원을 만족케 하사
네 청춘으로 독수리 같이 새롭게 하시는도다

Praise Yahweh, my soul!

Psalms 103:1-5

Praise Yahweh, my soul!

All that is within me, praise his holy name!

Praise Yahweh, my soul, and don't forget all his benefits, who forgives all your sins,

who heals all your diseases,

who redeems your life from destruction,

who crowns you with loving kindness and tender mercies, who satisfies your desire with good things, so that your youth is renewed like the eagle's.

주의 이름이 온 땅에

시편 8:1-4

여호와 우리 주여

주의 이름이 온 땅에 어찌 그리 아름다운지요

주의 영광을 하늘 위에 두셨나이다

주의 대적을 인하여 어린 아이와 젖먹이의 입으로

말미암아 권능을 세우심이여

이는 원수와 보수자로 잠잠케 하려 하심이니이다

주의 손가락으로 만드신 주의 하늘과

주의 베풀어 두신 달과 별들을 내가 보오니

사람이 무엇이관대 주께서 저를 생각하시며

인자가 무엇이관대 주께서 저를 권고하시나이까

How majestic is your name in all the earth!

Psalms 8:1-4

Yahweh, our Lord, how majestic is your name in all the earth!

You have set your glory above the heavens!

From the lips of babes and infants you have established strength, because of your adversaries, that you might silence the enemy and the avenger.

When I consider your heavens, the work of your fingers, the moon and the stars, which you have ordained, what is man, that you think of him?

What is the son of man, that you care for him?

감사하며 송축할지어다

시편 100

온 땅이여 여호와께 즐거이 부를지어다

기쁨으로 여호와를 섬기며 노래하면서

그 앞에 나아갈지어다

여호와가 우리 하나님이신 줄 너희는 알지어다

그는 우리를 지으신 자시오

우리는 그의 것이니 그의 백성이요

그의 기르시는 양이로다

감사함으로 그 문에 들어가며

찬송함으로 그 궁정에 들어가서

그에게 감사하며 그 이름을 송축할지어다

대저 여호와는 선하시니 그 인자하심이 영원하고

그 성실하심이 대대에 미치리로다

Give thanks to him, and bless his name

Psalms 100

Shout for joy to Yahweh, all you lands!

Serve Yahweh with gladness.

Come before his presence with singing.

Know that Yahweh, he is God.

It is he who has made us, and we are his.

We are his people, and the sheep of his pasture.

Enter into his gates with thanksgiving,

and into his courts with praise.

Give thanks to him, and bless his name.

For Yahweh is good.

His loving kindness endures forever,

his faithfulness to all generations.

생명과 복과 사망과 화를 네 앞에 두었나니

신명기 30:15-16

보라 내가 오늘날 생명과 복과 사망과 화를 네 앞에 두었나니 곧 내가 오늘날 너를 명하여 네 하나님 여호와를 사랑하고 그 모든 길로 행하며 그 명령과 규례와 법도를 지키라 하는 것이라 그리하면 네가 생존하며 번성할 것이요 또 네 하나님 여호와께서 네가 가서 얻을 땅에서 네게 복을 주실 것임이니라

주께서 선한 것이 무엇임을 보이셨나니

미가 6:8

사람아 주께서 선한 것이 무엇임을 네게 보이셨나니 여호와께서 네게 구하시는 것이 오직 공의를 행하며 인자를 사랑하며 겸손히 네 하나님과 함께 행하는 것이 아니냐

I have set before you life and prosperity, and death and evil

Deuteronomy 30:15-16

Behold, I have set before you today life and prosperity, and death and evil. For I command you today to love Yahweh your God, to walk in his ways and to keep his commandments, his statutes, and his ordinances, that you may live and multiply, and that Yahweh your God may bless you in the land where you go in to possess it.

He has shown you what is good

Micah 6:8

He has shown you, O man, what is good.
What does Yahweh require of you, but to act justly, to love mercy, and to walk humbly with your God?

여호와를 항상 내 앞에 모심이여

시편 16:8-11

내가 여호와를 항상 내 앞에 모심이여
그가 내 우편에 계시므로 내가 요동치 아니하리로다
이러므로 내 마음이 기쁘고 내 영광도 즐거워하며
내 육체도 안전히 거하리니
이는 내 영혼을 음부에 버리지 아니하시며
주의 거룩한 자로 썩지 않게 하실 것임이니이다
주께서 생명의 길로 내게 보이시리니
주의 앞에는 기쁨이 충만하고
주의 우편에는 영원한 즐거움이 있나이다

I have set Yahweh always before me

Psalms 16:8-11

I have set Yahweh always before me.

Because he is at my right hand, I shall not be moved.

Therefore my heart is glad, and my tongue rejoices.

My body shall also dwell in safety.

For you will not leave my soul in Sheol,

neither will you allow your holy one to see corruption.

You will show me the path of life.

여호와를 기뻐하라

시편 37:4-6
여호와를 기뻐하라
저가 네 마음의 소원을 이루어 주시리로다
너의 길을 여호와께 맡기라
저를 의지하면 저가 이루시고 네 의를 빛같이
나타내시며 네 공의를 정오의 빛같이 하시리로다

항상 기뻐하라

데살로니가전서 5:16-18
항상 기뻐하라 쉬지 말고 기도하라 범사에 감사하라 이는
그리스도 예수 안에서 너희를 향하신 하나님의 뜻이니라

Delight yourself in Yahweh

Psalms 37:4-6

Also delight yourself in Yahweh, and he will give you the desires of your heart. Commit your way to Yahweh. Trust also in him, and he will do this: he will make your righteousness shine out like light, and your justice as the noon day sun.

Always rejoice

Thessalonians 5:16-18

Always rejoice. Pray without ceasing. In everything give thanks, for this is the will of God in Christ Jesus toward you.

구원의 하나님을 기뻐하리로다

하박국 3:17-19

비록 무화과나무가 무성치 못하며

포도나무에 열매가 없으며

감람나무에 소출이 없으며

밭에 식물이 없으며

우리에 양이 없으며 외양간에 소가 없을지라도

나는 여호와를 인하여 즐거워하며

나의 구원의 하나님을 인하여 기뻐하리로다

주 여호와는 나의 힘이시라

나의 발을 사슴과 같게 하사

나로 나의 높은 곳에 다니게 하시리로다

I will be joyful in the God of my salvation!

Habakkuk 3:17-19

For even though the fig tree doesn't flourish,
nor fruit be in the vines,
the labor of the olive fails,
the fields yield no food,
the flocks are cut off from the fold,
and there is no herd in the stalls,
yet I will rejoice in Yahweh.
I will be joyful in the God of my salvation!
Yahweh, the Lord, is my strength.
He makes my feet like deer's feet,
and enables me to go in high places.

주 밖에 나의 사모할 자 없나이다

시편 73:21-25

내 마음이 산란하며 내 심장이 찔렸나이다 내가 이같이
우매 무지하니 주의 앞에 짐승이오나 내가 항상 주와
함께하니 주께서 내 오른손을 붙드셨나이다
주의 교훈으로 나를 인도하시고 후에는 영광으로 나를
영접하시리니 하늘에서는 주 외에 누가 내게 있으리요
땅에서는 주밖에 나의 사모할 자 없나이다

주의 인자한 말씀을 듣게 하소서

시편 143:8

아침에 나로 주의 인자한 말씀을 듣게 하소서 내가 주
를 의뢰함이니이다 나의 다닐 길을 알게 하소서 내가
내 영혼을 주께 받듦이니이다

There is no one whom I desire besides you

Psalms 73:21-25

For my soul was grieved. I was embittered in my heart. I was so senseless and ignorant. I was a brute beast before you. Nevertheless, I am continually with you. You have held my right hand. You will guide me with your counsel, and afterward receive me to glory. Whom do I have in heaven? There is no one on earth whom I desire besides you.

Cause me to hear your loving kindness

Psalms 143:8

Cause me to hear your loving kindness in the morning, for I trust in you.
Cause me to know the way in which I should walk, for I lift up my soul to you.

여호와는 나의 목자

시편 23

여호와는 나의 목자시니 내가 부족함이 없으리로다

그가 나를 푸른 초장에 누이시며 쉴 만한 물가로 인도하시는도다

내 영혼을 소생시키시고 자기 이름을 위하여 의의 길로 인도하시는도다

내가 사망의 음침한 골짜기로 다닐지라도 해를 두려워하지 않을 것은 주께서 나와 함께 하심이라

주의 지팡이와 막대기가 나를 안위하시나이다

주께서 내 원수의 목전에서 내게 상을 베푸시고 기름으로 내 머리에 바르셨으니 내 잔이 넘치나이다

나의 평생에 선하심과 인자하심이 정녕 나를 따르리니 내가 여호와의 집에 영원히 거하리로다.

Yahweh is my shepherd

Psalms 23

Yahweh is my shepherd; I shall lack nothing.

He makes me lie down in green pastures.

He leads me beside still waters.

He restores my soul. He guides me in the paths of righteousness for his name's sake.

Even though I walk through the valley of the shadow of death, I will fear no evil, for you are with me.

Your rod and your staff, they comfort me.

You prepare a table before me in the presence of my enemies.

You anoint my head with oil. My cup runs over.

Surely goodness and loving kindness shall follow me all the days of my life,

and I will dwell in Yahweh's house forever.

주의 법을 사랑하나이다

시편 119:113-114
내가 두 마음 품는 자를 미워하고 주의 법을 사랑하나이다
주는 나의 은신처요 방패시라 내가 주의 말씀을 바라나이다

주의 말씀을 즐거워하나이다

시편 119:162-165
사람이 많은 탈취물을 얻은 것처럼
나는 주의 말씀을 즐거워하나이다
내가 거짓을 미워하며 싫어하고 주의 법을 사랑하나이다
주의 의로운 규례를 인하여
내가 하루 일곱 번씩 주를 찬양하나이다
주의 법을 사랑하는 자에게는 큰 평안이 있으니
저희에게 장애물이 없으리이다

I love your law

Psalms 119:113-114

I hate double-minded men, but I love your law.

You are my hiding place and my shield.

I hope in your word.

I rejoice at your word

Psalms 119:162-165

I rejoice at your word, as one who finds great plunder. I hate and abhor falsehood.

I love your law.

Seven times a day, I praise you, because of your righteous ordinances.

Those who love your law have great peace.

Nothing causes them to stumble.

하나님의 말씀은 살았고 운동력이 있어

히브리서 4:12-13

하나님의 말씀은 살았고 운동력이 있어 좌우에 날선 어떤 검보다도 예리하여 혼과 영과 및 관절과 골수를 찔러 쪼개기까지 하며 또 마음의 생각과 뜻을 감찰하나니 지으신 것이 하나라도 그 앞에 나타나지 않음이 없고 오직 만물이 우리를 상관하시는 자의 눈앞에 벌거벗은 것같이 드러나느니라

여호와를 의지하는 자가 복이 있느니라

잠언 16:20

삼가 말씀에 주의하는 자는 좋은 것을 얻나니
여호와를 의지하는 자가 복이 있느니라

For the word of God is living and active

Hebrews 4:12-13

For the word of God is living and active, and sharper than any two-edged sword, piercing even to the dividing of soul and spirit, of both joints and marrow, and is able to discern the thoughts and intentions of the heart. There is no creature that is hidden from his sight, but all things are naked and laid open before the eyes of him to whom we must give an account.

Whoever trusts in Yahweh is blessed

Proverbs 16:20

He who heeds the Word finds prosperity.
Whoever trusts in Yahweh is blessed.

여호와의 인자하심은

시편 103:15-18

인생은 그 날이 풀과 같으며

그 영화가 들의 꽃과 같도다

그것은 바람이 지나면 없어지나니

그곳이 다시 알지 못하거니와

여호와의 인자하심은 자기를 경외하는 자에게

영원부터 영원까지 이르며

그의 의는 자손의 자손에게 미치리니 곧 그 언약을

지키고 그 법도를 기억하여 행하는 자에게로다

Yahweh's loving kindness

Psalms 103:15-18

As for man, his days are like grass.

As a flower of the field, so he flourishes.

For the wind passes over it, and it is gone.

Its place remembers it no more.

But Yahweh's loving kindness is from everlasting to everlasting with those who fear him,

his righteousness to children's children, to those who keep his covenant, to those who remember to obey his precepts.

복 있는 사람

시편 1:1-3

복 있는 사람은

악인의 꾀를 좇지 아니하며

죄인의 길에 서지 아니하며

오만한 자의 자리에 앉지 아니하고

오직 여호와의 율법을 즐거워하여

그 율법을 주야로 묵상하는 자로다

저는 시냇가에 심은 나무가 시절을 좇아 과실을 맺으며

그 잎사귀가 마르지 아니함 같으니

그 행사가 다 형통하리로다

Blessed is the man

Psalms 1:1-3

Blessed is the man who doesn't walk in the counsel of the wicked, nor stand on the path of sinners, nor sit in the seat of scoffers;

but his delight is in Yahweh's law.

On his law he meditates day and night.

He will be like a tree planted by the streams of water, that produces its fruit in its season,

whose leaf also does not wither.

Whatever he does shall prosper.

2. Trust in God
하나님을 신뢰하여

여호와는 네게 복을 주시고

민수기 6:24-26

여호와는 네게 복을 주시고 너를 지키시기를 원하며 여
호와는 그 얼굴로 네게 비취사 은혜 베푸시기를 원하며
여호와는 그 얼굴을 네게로 향하여 드사 평강 주시기를
원하노라

사람의 길은 여호와의 눈앞에 있나니

잠언 5:21

대저 사람의 길은 여호와의 눈앞에 있나니
그가 그 모든 길을 평탄케 하시느니라

Yahweh bless you

Numbers 6:24-26

Yahweh bless you, and keep you. Yahweh make his face to shine on you, and be gracious to you. Yahweh lift up his face toward you, and give you peace.

For the ways of man are before Yahweh's eyes

Proverbs 5:21

For the ways of man are before Yahweh's eyes. He examines all his paths.

나를 안전히 거하게 하시는 이

시편 4:7-8

주께서 내 마음에 두신 기쁨은

저희의 곡식과 새 포도주의 풍성할 때보다 더하니이다

내가 평안히 눕고 자기도 하리니

나를 안전히 거하게 하시는 이는 오직 여호와시니이다

여호와를 경외하라

시편 34:9-10

너희 성도들아 여호와를 경외하라 저를 경외하는 자에게
는 부족함이 없도다 젊은 사자는 궁핍하여 주릴지라도 여
호와를 찾는 자는 모든 좋은 것에 부족함이 없으리로다

You alone, Yahweh, make me live in safety

Psalms 4:7-8

You have put gladness in my heart, more than when their grain and their new wine are increased. In peace I will both lay myself down and sleep, for you alone, Yahweh, make me live in safety.

Oh fear Yahweh, you his saints

Psalms 34:9-10

Oh fear Yahweh, you his saints, for there is no lack with those who fear him. The young lions do lack, and suffer hunger, but those who seek Yahweh shall not lack any good thing.

여호와의 선하심을 맛보아 알지어다

시편 34:6-8

이 곤고한 자가 부르짖으매 여호와께서 들으시고
그 모든 환난에서 구원하셨도다
여호와의 사자가 주를 경외하는 자를
둘러 진 치고 저희를 건지시는도다
너희는 여호와의 선하심을 맛보아 알지어다
그에게 피하는 자는 복이 있도다

평강의 복을 주시리로다

시편 29:11

여호와께서 자기 백성에게 힘을 주심이여
여호와께서 자기 백성에게 평강의 복을 주시리로다

Oh taste and see that Yahweh is good

Psalms 34:6-8

This poor man cried, and Yahweh heard him, and saved him out of all his troubles.

Yahweh's angel encamps around those who fear him, and delivers them.

Oh taste and see that Yahweh is good.

Blessed is the man who takes refuge in him.

Yahweh will bless his people with peace

Psalms 29:11

Yahweh will give strength to his people.

Yahweh will bless his people with peace.

하나님을 바라라

시편 42:11
내 영혼아 네가 어찌하여 낙망하며
어찌하여 내 속에서 불안하여 하는고
너는 하나님을 바라라
나는 내 얼굴을 도우시는 내 하나님을
오히려 찬송하리로다

나의 도움이 어디서 올꼬

시편 121:1-2
내가 산을 향하여 눈을 들리라
나의 도움이 어디서 올꼬
나의 도움이 천지를 지으신 여호와에게서로다

Hope in God!

Psalms 42:11

Why are you in despair, my soul?

Why are you disturbed within me?

Hope in God! For I shall still praise him,

the saving help of my countenance, and my God.

My help comes from Yahweh

Psalms 121:1-2

I will lift up my eyes to the hills.

Where does my help come from?

My help comes from Yahweh,

who made heaven and earth.

지존자의 은밀한 곳

시편 91:1-4

지존자의 은밀한 곳에 거하는 자는 전능하신 자의 그늘 아래 거하리로다

내가 여호와를 가리켜 말하기를 저는 나의 피난처요 나의 요새요 나의 의뢰하는 하나님이라 하리니

이는 저가 너를 새 사냥꾼의 올무에서와 극한 염병에서 건지실 것임이로다

저가 너를 그 깃으로 덮으시리니 네가 그 날개 아래 피하리로다 그의 진실함은 방패와 손 방패가 되나니

여호와의 이름은 견고한 망대

잠언 18:10

여호와의 이름은 견고한 망대라
의인은 그리로 달려가서 안전함을 얻느니라

In the secret place of the Most High

Psalms 91:1-4

He who dwells in the secret place of the Most High will rest in the shadow of the Almighty.

I will say of Yahweh, "He is my refuge and my fortress; my God, in whom I trust."

For he will deliver you from the snare of the fowler, and from the deadly pestilence.

He will cover you with his feathers. Under his wings you will take refuge. His faithfulness is your shield and rampart.

Yahweh's name is a strong tower

Proverbs 18:10

Yahweh's name is a strong tower:
the righteous run to him, and are safe.

여호와는 나의 산성

시편 94:19-22

내 속에 생각이 많을 때에

주의 위안이 내 영혼을 즐겁게 하시나이다

율례를 빙자하고 잔해를 도모하는 악한 재판장이

어찌 주와 교제하리이까 저희가 모여 의인의 영혼을

치려 하며 무죄자를 정죄하여 피를 흘리려 하나

여호와는 나의 산성이시오

나의 하나님은 나의 피할 반석이시라

여호와는 너를 지키시는 자라

시편 121:5-6

여호와는 너를 지키시는 자라

여호와께서 네 우편에서 네 그늘이 되시나니

낮의 해가 너를 상치 아니하며

밤의 달도 너를 해치 아니하리로다

Yahweh has been my high tower

Psalms 94:19-22

In the multitude of my thoughts within me, your comforts delight my soul.

Shall the throne of wickedness have fellowship with you, which brings about mischief by statute?

They gather themselves together against the soul of the righteous, and condemn the innocent blood.

But Yahweh has been my high tower, my God, the rock of my refuge.

Yahweh is your keeper

Psalms 121:5-6

Yahweh is your keeper.

Yahweh is your shade on your right hand.

The sun will not harm you by day,

nor the moon by night.

여호와를 영원히 의뢰하라

이사야 26:3-4

주께서 심지가 견고한 자를 평강에 평강으로 지키시리니
이는 그가 주를 의뢰함이니이다 너희는 여호와를 영원히
의뢰하라 주 여호와는 영원한 반석이심이로다

인도하시는 여호와

잠언 16:9

사람이 마음으로 자기의 길을 계획할지라도
그 걸음을 인도하는 자는 여호와시니라

Trust in Yahweh forever

Isaiah 26:3-4

You will keep whoever's mind is steadfast in perfect peace, because he trusts in you.
Trust in Yahweh forever; for in Yah, Yahweh, is an everlasting Rock.

Yahweh directs his steps

Proverbs 16:9

A man's heart plans his course,
but Yahweh directs his steps.

주 예수를 믿으라

사도행전 16:31
가로되 주 예수를 믿으라
그리하면 너와 네 집이 구원을 얻으리라 하고

여호와께 맡기라

잠언 16:3
너의 행사를 여호와께 맡기라
그리하면 너의 경영하는 것이 이루리라

Believe in the Lord Jesus Christ

Acts 16:31

They said, "Believe in the Lord Jesus Christ, and you will be saved, you and your household."

Commit your deeds to Yahweh

Proverbs 16:3

Commit your deeds to Yahweh,
and your plans shall succeed.

주께 맡겨 버리라

베드로전서 5:7

너희 염려를 다 주께 맡겨 버리라
이는 저가 너희를 권고하심이니라

마음을 강하게 하고 담대히 하라

여호수아 1:9

내가 네게 명한 것이 아니냐 마음을 강하게 하고 담대
히 하라 두려워 말며 놀라지 말라 네가 어디로 가든지
네 하나님 여호와가 너와 함께 하느니라

Casting all your worries on him

1 Peter 5:7

Casting all your worries on him,

because he cares for you.

Be strong and courageous

Joshua 1:9

Haven't I commanded you? Be strong and courageous. Don't be afraid. Don't be dismayed, for Yahweh your God is with you wherever you go."

근심하지 말라

요한복음 14:1

너희는 마음에 근심하지 말라

하나님을 믿으니 또 나를 믿으라

나의 평안을 너희에게 주노라

요한복음 14:27

평안을 너희에게 끼치노니 곧 나의 평안을 너희에게 주
노라 내가 너희에게 주는 것은 세상이 주는 것 같지 아
니하니라 너희는 마음에 근심도 말고 두려워하지도 말라

Don't let your heart be troubled

John 14:1

Don't let your heart be troubled.

Believe in God. Believe also in me.

Peace I leave with you

John 14:27

Peace I leave with you. My peace I give to you;
not as the world gives, I give to you. Don't let
your heart be troubled, neither let it be fearful.

잠잠히 하나님만 바라라

시편 62:5-8

나의 영혼아 잠잠히 하나님만 바라라

대저 나의 소망이 저로 좇아 나는 도다

오직 저만 나의 반석이시오 나의 구원이시오

나의 산성이시니 내가 요동치 아니하리로다

나의 구원과 영광이 하나님께 있음이여

내 힘의 반석과 피난처도 하나님께 있도다

백성들아 시시로 저를 의지하고 그 앞에 마음을 토하라

하나님은 우리의 피난처시로다

너희 모든 쓸 것을 채우시리라

빌립보서 4:19

나의 하나님이 그리스도 예수 안에서 영광 가운데

그 풍성한 대로 너희 모든 쓸 것을 채우시리라

Wait in silence for God alone

Psalms 62:5-8

My soul, wait in silence for God alone, for my expectation is from him.

He alone is my rock and my salvation, my fortress. I will not be shaken.

My salvation and my honor is with God. The rock of my strength, and my refuge, is in God.

Trust in him at all times, you people. Pour out your heart before him. God is a refuge for us.

My God will supply every need of yours

Philippians 4:19

My God will supply every need of yours according to his riches in glory in Christ Jesus.

여호와는 죽이기도 하시고 살리기도 하시며

사무엘상 2:6-8

여호와는 죽이기도 하시고 살리기도 하시며 음부에 내리게도 하시고 올리기도 하시는도다

여호와는 가난하게도 하시고 부하게도 하시며 낮추기도 하시고 높이기도 하시는도다

가난한 자를 진토에서 일으키시며 빈핍한 자를 거름더미에서 드사 귀족들과 함께 앉게 하시며 영광의 위를 차지하게 하시는도다

땅의 기둥들은 여호와의 것이라 여호와께서 세계를 그 위에 세우셨도다

Yahweh kills and makes alive

1 Samuel 2:6-8

Yahweh kills and makes alive.

He brings down to Sheol and brings up.

Yahweh makes poor and makes rich.

He brings low, he also lifts up.

He raises up the poor out of the dust.

He lifts up the needy from the dunghill to make them sit with princes and inherit the throne of glory.

For the pillars of the earth are Yahweh's. He has set the world on them.

다 내게로 오라

마태복음 11:28-30

수고하고 무거운 짐 진 자들아 다 내게로 오라 내가 너
희를 쉬게 하리라 나는 마음이 온유하고 겸손하니 나의
멍에를 메고 내게 배우라 그러면 너희 마음이 쉼을 얻
으리니 이는 내 멍에는 쉽고 내 짐은 가벼움이라 하시
니라

소망이 넘치게 하시기를

로마서 15:13

소망의 하나님이 모든 기쁨과 평강을 믿음 안에서 너희
에게 충만케 하사 성령의 능력으로 소망이 넘치게 하시
기를 원하노라

Come to me

Matthew 11:28-30

Come to me, all you who labor and are heavily burdened, and I will give you rest. Take my yoke upon you and learn from me, for I am gentle and humble in heart; and you will find rest for your souls. For my yoke is easy, and my burden is light.

You may abound in hope in the power of the Holy Spirit

Romans 15:13

Now may the God of hope fill you with all joy and peace in believing, that you may abound in hope in the power of the Holy Spirit.

믿음이 없이는 기쁘시게 못하나니

히브리서 11:6

믿음이 없이는 기쁘시게 못하나니 하나님께 나아가는 자는 반드시 그가 계신 것과 또한 그가 자기를 찾는 자들에게 상 주시는 이심을 믿어야 할지니라

믿음은 바라는 것들의 실상

히브리서 11:1-3

믿음은 바라는 것들의 실상이요 보지 못하는 것들의 증거니 선진들이 이로써 증거를 얻었느니라
믿음으로 모든 세계가 하나님의 말씀으로 지어진 줄을 우리가 아나니 보이는 것은 나타난 것으로 말미암아 된 것이 아니니라

Without faith it is impossible to be well pleasing to him

Hebrews 11:6

Without faith it is impossible to be well pleasing to him, for he who comes to God must believe that he exists, and that he is a rewarder of those who seek him.

Faith is assurance of things hoped for

Hebrews 11:6

Now faith is assurance of things hoped for, proof of things not seen. For by this, the elders obtained approval. By faith we understand that the universe has been framed by the word of God, so that what is seen has not been made out of things which are visible.

믿음의 선한 싸움을 싸우라

디모데전서 6:10-12

돈을 사랑함이 일만 악의 뿌리가 되나니 이것을 사모하는 자들이 미혹을 받아 믿음에서 떠나 많은 근심으로써 자기를 찔렀도다

오직 너 하나님의 사람아 이것들을 피하고 의와 경건과 믿음과 사랑과 인내와 온유를 좇으며 믿음의 선한 싸움을 싸우라

영생을 취하라 이를 위하여 네가 부르심을 입었고 많은 증인 앞에서 선한 증거를 증거하였도다

Fight the good fight of faith

1 Timothy 6:10-12

For the love of money is a root of all kinds of evil. Some have been led astray from the faith in their greed, and have pierced themselves through with many sorrows.

But you, man of God, flee these things, and follow after righteousness, godliness, faith, love, perseverance, and gentleness. Fight the good fight of faith.

Take hold of the eternal life to which you were called, and you confessed the good confession in the sight of many witnesses.

3. Be filled with the Word and the Spirit

말씀과 성령으로

지혜와 권능이 그에게 있음이로다

다니엘 2:20-22

다니엘이 말하여 가로되 영원 무궁히 하나님의 이름을
찬송할 것은 지혜와 권능이 그에게 있음이로다 그는 때
와 기한을 변하시며 왕들을 폐하시고 왕들을 세우시며
지혜자에게 지혜를 주시고 지식자에게 총명을 주시는도
다 그는 깊고 은밀한 일을 나타내시고 어두운 데 있는
것을 아시며 또 빛이 그와 함께 있도다

여호와를 경외하는 것이 지혜의 근본

잠언 9:10

여호와를 경외하는 것이 지혜의 근본이요
거룩하신 자를 아는 것이 명철이니라

Wisdom and might are his

Daniel 2:20-22

Daniel answered, "Blessed be the name of God forever and ever; for wisdom and might are his. He changes the times and the seasons. He removes kings and sets up kings. He gives wisdom to the wise, and knowledge to those who have understanding. He reveals the deep and secret things. He knows what is in the darkness, and the light dwells with him.

The fear of Yahweh is the beginning of wisdom

Proverbs 9:10

The fear of Yahweh is the beginning of wisdom. The knowledge of the Holy One is understanding.

하나님의 미련한 것이 사람보다 지혜 있고

고린도전서 1:21-25

하나님의 지혜에 있어서는 이 세상이 자기 지혜로 하나님을 알지 못하는 고로 하나님께서 전도의 미련한 것으로 믿는 자들을 구원하시기를 기뻐하셨도다

유대인은 표적을 구하고 헬라인은 지혜를 찾으나 우리는 십자가에 못 박힌 그리스도를 전하니 유대인에게는 거리끼는 것이요 이방인에게는 미련한 것이로되 오직 부르심을 입은 자들에게는 유대인이나 헬라인이나 그리스도는 하나님의 능력이요 하나님의 지혜니라 하나님의 미련한 것이 사람보다 지혜 있고 하나님의 약한 것이 사람보다 강하니라

The foolishness of God is wiser than men

1 Corinthians 1:21-25

For seeing that in the wisdom of God, the world through its wisdom didn't know God, it was God's good pleasure through the foolishness of the preaching to save those who believe. For Jews ask for signs, Greeks seek after wisdom, but we preach Christ crucified, a stumbling block to Jews and foolishness to Greeks, but to those who are called, both Jews and Greeks, Christ is the power of God and the wisdom of God; because the foolishness of God is wiser than men, and the weakness of God is stronger than men.

성경은 하나님의 감동으로 된 것으로

디모데후서 3:15-17

네가 어려서부터 성경을 알았나니 성경은 능히 너로 하여금 그리스도 예수 안에 있는 믿음으로 말미암아 구원에 이르는 지혜가 있게 하느니라

모든 성경은 하나님의 감동으로 된 것으로 교훈과 책망과 바르게 함과 의로 교육하기에 유익하니 이는 하나님의 사람으로 온전케 하며 모든 선한 일을 행하기에 온전케 하려 함이니라

지혜가 부족하거든 하나님께 구하라

야고보서 1:5

너희 중에 누구든지 지혜가 부족하거든 모든 사람에게 후히 주시고 꾸짖지 아니하시는 하나님께 구하라 그리하면 주시리라

Every Scripture is God-breathed

2 Timothy 3:15-17

From infancy, you have known the holy Scriptures which are able to make you wise for salvation through faith which is in Christ Jesus. Every Scripture is God-breathed and profitable for teaching, for reproof, for correction, and for instruction in righteousness, that each person who belongs to God may be complete, thoroughly equipped for every good work.

If any of you lacks wisdom, let him ask of God

James 1:5

But if any of you lacks wisdom, let him ask of God, who gives to all liberally and without reproach, and it will be given to him.

내 말을 네 마음에 두라

잠언 4:4-6

아버지가 내게 가르쳐 이르기를 내 말을 네 마음에 두라 내 명령을 지키라 그리하면 살리라 지혜를 얻으며 명철을 얻으라 내 입의 말을 잊지 말며 어기지 말라 지혜를 버리지 말라 그가 너를 보호하리라 그를 사랑하라 그가 너를 지키리라

지혜에 장성한 사람이 되라

고린도전서 14:20

형제들아 지혜에는 아이가 되지 말고 악에는 어린 아이가 되라 지혜에 장성한 사람이 되라

Let your heart retain my words

Proverbs 4:4-6

He taught me, and said to me: "Let your heart retain my words. Keep my commandments, and live. Get wisdom. Get understanding. Don't forget, and don't deviate from the words of my mouth. Don't forsake her, and she will preserve you. Love her, and she will keep you.

In thoughts be mature

1 Corinthians 14:20

Brothers, don't be children in thoughts, yet in malice be babies, but in thoughts be mature.

주의 말씀은 내 발에 등이요 내 길에 빛이니이다

시편 119:101-105

내가 주의 말씀을 지키려고 발을 금하여

모든 악한 길로 가지 아니하였사오며

주께서 나를 가르치셨으므로

내가 주의 규례에서 떠나지 아니하였나이다

주의 말씀의 맛이 내게 어찌 그리 단지요

내 입에 꿀보다 더하니이다

주의 법도로 인하여 내가 명철케 되었으므로

모든 거짓 행위를 미워하나이다

주의 말씀은 내 발에 등이요 내 길에 빛이니이다

| Your word is a lamp to my feet, and a light for my path |

Psalms 119:101-105

I have kept my feet from every evil way, that I might observe your word.

I have not turned away from your ordinances, for you have taught me.

How sweet are your promises to my taste, more than honey to my mouth!

Through your precepts, I get understanding; therefore I hate every false way.

Your word is a lamp to my feet, and a light for my path.

나의 법을 잊어버리지 말고

잠언 3:1-4

내 아들아 나의 법을 잊어버리지 말고 네 마음으로 나
의 명령을 지키라 그리하면 그것이 너로 장수하여 많은
해를 누리게 하며 평강을 더하게 하리라
인자와 진리로 네게서 떠나지 않게 하고 그것을 네 목
에 매며 네 마음 판에 새기라 그리하면 네가 하나님과
사람 앞에서 은총과 귀중히 여김을 받으리라

주의 말씀을 따라 삼가라

시편 119:9

청년이 무엇으로 그 행실을 깨끗케 하리이까
주의 말씀을 따라 삼갈 것이니이다

My son, don't forget my teaching

Proverbs 3:1-4

My son, don't forget my teaching; but let your heart keep my commandments: for they will add to you length of days, years of life, and peace.

Don't let kindness and truth forsake you. Bind them around your neck. Write them on the tablet of your heart. So you will find favor, and good understanding in the sight of God and man.

By living according to your word

Psalms 119:9

How can a young man keep his way pure?
By living according to your word.

여호와의 율법은 완전하여

시편 19:7-10

여호와의 율법은 완전하여 영혼을 소성케 하고 여호와의 증거는 확실하여 우둔한 자로 지혜롭게 하며 여호와의 교훈은 정직하여 마음을 기쁘게 하고 여호와의 계명은 순결하여 눈을 밝게 하도다

여호와를 경외하는 도는 정결하여 영원까지 이르고 여호와의 규례는 확실하여 다 의로우니 금 곧 많은 정금보다 더 사모할 것이며 꿀과 송이꿀보다 더 달도다

주야로 묵상하여 기록한 대로 다 지켜 행하라

여호수아 1:8

이 율법 책을 네 입에서 떠나지 말게 하며 주야로 그것을 묵상하여 그 가운데 기록한 대로 다 지켜 행하라 그리하면 네 길이 평탄하게 될 것이라 네가 형통하리라

Yahweh's law is perfect

Psalms 19:7-10

Yahweh's law is perfect, restoring the soul. Yahweh's covenant is sure, making wise the simple. Yahweh's precepts are right, rejoicing the heart. Yahweh's commandment is pure, enlightening the eyes. The fear of Yahweh is clean, enduring forever. Yahweh's ordinances are true, and righteous altogether. They are more to be desired than gold, yes, than much fine gold,

You may observe to do according to all that is written in it

Joshua 1:8

This book of the law shall not depart from your mouth, but you shall meditate on it day and night, that you may observe to do according to all that is written in it; for then you shall make your way prosperous, and then you shall have good success.

주의 법을 어찌 그리 사랑하는지요

시편 119:97-100

내가 주의 법을 어찌 그리 사랑하는지요

내가 그것을 종일 묵상하나이다

주의 계명이 항상 나와 함께하므로

그것이 나로 원수보다 지혜롭게 하나이다

내가 주의 증거를 묵상하므로

나의 명철함이 나의 모든 스승보다 승하며

주의 법도를 지키므로

나의 명철함이 노인보다 승하니이다

How I love your law!

Psalms 119:97-100

How I love your law!

It is my meditation all day.

Your commandments make me wiser than my enemies, for your commandments are always with me.

I have more understanding than all my teachers, for your testimonies are my meditation.

I understand more than the aged, because I have kept your precepts.

하나님의 전신갑주를 취하라

에베소서 6:13-17

그러므로 하나님의 전신갑주를 취하라 이는 악한 날에 너희가 능히 대적하고 모든 일을 행한 후에 서기 위함이라 그런즉 서서 진리로 너희 허리띠를 띠고 의의 흉배를 붙이고 평안의 복음의 예비한 것으로 신을 신고 모든 것 위에 믿음의 방패를 가지고 이로써 능히 악한 자의 모든 화전을 소멸하고 구원의 투구와 성령의 검 곧 하나님의 말씀을 가지라

도를 행하는 자가 되고

야고보서 1:22

너희는 도를 행하는 자가 되고
듣기만 하여 자신을 속이는 자가 되지 말라

Therefore put on the whole armor of God

Ephesians 6:13-17

Therefore put on the whole armor of God, that you may be able to withstand in the evil day, and having done all, to stand. Stand therefore, having the utility belt of truth buckled around your waist, and having put on the breastplate of righteousness, and having fitted your feet with the preparation of the Good News of peace, above all, taking up the shield of faith, with which you will be able to quench all the fiery darts of the evil one. And take the helmet of salvation, and the sword of the Spirit, which is the word of God.

Be doers of the word

James 1:22

But be doers of the word, and not only hearers, deluding your own selves.

여호와를 경외하는 것이 지식의 근본

잠언 1:7-8

여호와를 경외하는 것이 지식의 근본이어늘 미련한 자는 지혜와 훈계를 멸시하느니라 내 아들아 네 아비의 훈계를 들으며 네 어미의 법을 떠나지 말라

여호와를 공경하라

잠언 3:9-10

네 재물과 네 소산물의 처음 익은 열매로 여호와를 공경하라 그리하면 네 창고가 가득히 차고 네 즙틀에 새 포도즙이 넘치리라

The fear of Yahweh is the beginning of knowledge

Proverbs 1:7-8

The fear of Yahweh is the beginning of knowledge; but the foolish despise wisdom and instruction. My son, listen to your father's instruction, and don't forsake your mother's teaching.

Honor Yahweh with your substance

Proverbs 3:9-10

Honor Yahweh with your substance, with the first fruits of all your increase: so your barns will be filled with plenty, and your vats will overflow with new wine.

내 이름을 경외하는 너희에게는

말라기 4:1-2

만군의 여호와가 이르노라 보라 극렬한 풀무불 같은 날
이 이르리니 교만한 자와 악을 행하는 자는 다 초개같
을 것이라 그 이르는 날이 그들을 살라 그 뿌리와 가지
를 남기지 아니할 것이로되 내 이름을 경외하는 너희에
게는 의로운 해가 떠올라서 치료하는 광선을 발하리니
너희가 나가서 외양간에서 나온 송아지 같이 뛰리라

마음을 다하여 여호와를 의뢰하고

잠언 3:5-6

너는 마음을 다하여 여호와를 의뢰하고 네 명철을 의지
하지 말라 너는 범사에 그를 인정하라 그리하면 네 길
을 지도하시리라

To you who fear my name

Malachi 4:1-2

"For, behold, the day comes, it burns as a furnace; and all the proud, and all who work wickedness, will be stubble; and the day that comes will burn them up," says Yahweh of Armies, "that it shall leave them neither root nor branch. But to you who fear my name shall the sun of righteousness arise with healing in its wings. You will go out, and leap like calves of the stall.

Trust in Yahweh with all your heart

Proverbs 3:5-6

Trust in Yahweh with all your heart, and don't lean on your own understanding. In all your ways acknowledge him, and he will make your paths straight.

여호와를 찾으며 공의와 겸손을 구하라

스바냐 2:3

여호와의 규례를 지키는 세상의 모든 겸손한 자들아
너희는 여호와를 찾으며 공의와 겸손을 구하라
너희가 혹시 여호와의 분노의 날에 숨김을 얻으리라

겸손한 자와 함께하여 마음을 낮추라

잠언 16:18-19

교만은 패망의 선봉이요 거만한 마음은 넘어짐의 앞잡이
니라 겸손한 자와 함께하여 마음을 낮추는 것이 교만한
자와 함께하여 탈취물을 나누는 것보다 나으니라

Seek Yahweh, Seek righteousness, Seek humility

Zephaniah 2:3

Seek Yahweh, all you humble of the land, who have kept his ordinances. Seek righteousness. Seek humility. It may be that you will be hidden in the day of Yahweh's anger

Be of a lowly spirit with the poor

Proverbs 16:18-19

Pride goes before destruction, and an arrogant spirit before a fall. It is better to be of a lowly spirit with the poor, than to divide the plunder with the proud.

서로 겸손으로 허리를 동이라

베드로전서 5:5-6

젊은 자들아 이와 같이 장로들에게 순복하고 다 서로 겸손으로 허리를 동이라 하나님이 교만한 자를 대적하시되 겸손한 자들에게는 은혜를 주시느니라 그러므로 하나님의 능하신 손 아래서 겸손하라 때가 되면 너희를 높이시리라

겸손은 존귀의 앞잡이

잠언 18:12

사람의 마음의 교만은 멸망의 선봉이요
겸손은 존귀의 앞잡이니라

All of you clothe yourselves with humility

1 Peter 5:5-6

Likewise, you younger ones, be subject to the elder. Yes, all of you clothe yourselves with humility, to subject yourselves to one another; for "God resists the proud, but gives grace to the humble. Humble yourselves therefore under the mighty hand of God, that he may exalt you in due time.

Before honor is humility

Proverbs 18:12

Before destruction the heart of man is proud, but before honor is humility.

어린 아이들과 같이 되지 아니하면

마태복음 18:3-5

너희가 돌이켜 어린 아이들과 같이 되지 아니하면 결단코 천국에 들어가지 못하리라 그러므로 누구든지 이 어린 아이와 같이 자기를 낮추는 그이가 천국에서 큰 자니라 또 누구든지 내 이름으로 이런 어린 아이 하나를 영접하면 곧 나를 영접함이니

너희 부모를 주 안에서 순종하라

에베소서 6:1-3

자녀들아 너희 부모를 주 안에서 순종하라 이것이 옳으니라 네 아버지와 어머니를 공경하라 이것이 약속 있는 첫 계명이니 이는 네가 잘 되고 땅에서 장수하리라

Unless you turn and become as little children

Matthew 18:3-5

Most certainly I tell you, unless you turn and become as little children, you will in no way enter into the Kingdom of Heaven. Whoever therefore humbles himself as this little child is the greatest in the Kingdom of Heaven. Whoever receives one such little child in my name receives me

Obey your parents in the Lord

Ephesians 6:1-3

Children, obey your parents in the Lord, for this is right. "Honor your father and mother," which is the first commandment with a promise: "that it may be well with you, and you may live long on the earth."

듣기는 속히 하고 말하기는 더디 하며

야고보서 1:19

내 사랑하는 형제들아 너희가 알거니와 사람마다 듣기는
속히 하고 말하기는 더디 하며 성내기도 더디 하라

하나님의 영으로 인도함을 받는

로마서 8:12-14

그러므로 형제들아 우리가 빚진 자로되 육신에게 져서
육신대로 살 것이 아니니라 너희가 육신대로 살면 반드
시 죽을 것이로되 영으로써 몸의 행실을 죽이면 살리니
무릇 하나님의 영으로 인도함을 받는 그들은 곧 하나님
의 아들이라

Be swift to hear, slow to speak

James 1:19

So, then, my beloved brothers, let every man be swift to hear, slow to speak, and slow to anger.

For as many as are led by the Spirit of God

Romans 8:12-14

So then, brothers, we are debtors, not to the flesh, to live after the flesh. For if you live after the flesh, you must die; but if by the Spirit you put to death the deeds of the body, you will live. For as many as are led by the Spirit of God, these are children of God.

성령의 충만을 받으라

에베소서 5:16-18

세월을 아끼라 때가 악하니라 그러므로 어리석은 자가 되지 말고 오직 주의 뜻이 무엇인가 이해하라 술 취하지 말라 이는 방탕한 것이니 오직 성령의 충만을 받으라

무엇으로 심든지 그대로 거두리라

갈라디아서 6:7-8

스스로 속이지 말라 하나님은 만홀히 여김을 받지 아니하시나니 사람이 무엇으로 심든지 그대로 거두리라 자기의 육체를 위하여 심는 자는 육체로부터 썩어진 것을 거두고 성령을 위하여 심는 자는 성령으로부터 영생을 거두리라

Be filled with the Spirit

Ephesian 5:16-18

Redeeming the time, because the days are evil. Therefore don't be foolish, but understand what the will of the Lord is. Don't be drunken with wine, in which is dissipation, but be filled with the Spirit.

Whatever a man sows, that he will also reap

Galatians 6:7-8

Don't be deceived. God is not mocked, for whatever a man sows, that he will also reap. For he who sows to his own flesh will from the flesh reap corruption. But he who sows to the Spirit will from the Spirit reap eternal life.

성령의 열매

갈라디아서 5:22-26

오직 성령의 열매는 사랑과 희락과 화평과
오래 참음과 자비와 양선과 충성과 온유와 절제니
이 같은 것을 금지할 법이 없느니라
그리스도 예수의 사람들은 육체와 함께 그 정과 욕심을
십자가에 못 박았느니라
만일 우리가 성령으로 살면 또한 성령으로 행할지니
헛된 영광을 구하여 서로 격동하고 서로 투기하지 말지니라

하나님의 온전하신 뜻을 분별하라

로마서 12:2

너희는 이 세대를 본받지 말고 오직 마음을 새롭게 함
으로 변화를 받아 하나님의 선하시고 기뻐하시고 온전하
신 뜻이 무엇인지 분별하도록 하라

The fruit of the Spirit

Galatians 5:22-26

But the fruit of the Spirit is love, joy, peace, patience, kindness, goodness, faith, gentleness, and self-control. Against such things there is no law. Those who belong to Christ have crucified the flesh with its passions and lusts. If we live by the Spirit, let's also walk by the Spirit. Let's not become conceited, provoking one another, and envying one another.

Prove what is the perfect will of God

Romans 12:2

Don't be conformed to this world, but be transformed by the renewing of your mind, so that you may prove what is the good, well-pleasing, and perfect will of God.

이 세상이나 세상에 있는 것들을 사랑치 말라

요한일서 2:15-17

이 세상이나 세상에 있는 것들을 사랑치 말라
누구든지 세상을 사랑하면 아버지의 사랑이 그 속에 있
지 아니하니 이는 세상에 있는 모든 것이 육신의 정욕
과 안목의 정욕과 이생의 자랑이니 다 아버지께로 좇아
온 것이 아니요 세상으로 좇아 온 것이라
이 세상도, 그 정욕도 지나가되 오직 하나님의 뜻을
행하는 이는 영원히 거하느니라

예수 그리스도의 은혜와
저를 아는 지식에서 자라 가라

베드로후서 3:18

오직 우리 주 곧 구주 예수 그리스도의 은혜와 저를 아
는 지식에서 자라 가라
영광이 이제와 영원한 날까지 저에게 있을지어다

Don't love the world or the things that are in the world

1 John 2:15-17

Don't love the world or the things that are in the world. If anyone loves the world, the Father's love isn't in him. For all that is in the world, the lust of the flesh, the lust of the eyes, and the pride of life, isn't the Father's, but is the world's. The world is passing away with its lusts, but he who does God's will remains forever.

Grow in the grace and knowledge of our Lord and Savior Jesus Christ

2 Peter 3:18

But grow in the grace and knowledge of our Lord and Savior Jesus Christ. To him be the glory both now and forever. Amen.

지혜와 계시의 정신을 주사

에베소서 1:17-19

우리 주 예수 그리스도의 하나님, 영광의 아버지께서 지혜와 계시의 정신을 너희에게 주사 하나님을 알게 하시고 너희 마음눈을 밝히사 그의 부르심의 소망이 무엇이며 성도 안에서 그 기업의 영광의 풍성이 무엇이며 그의 힘의 강력으로 역사하심을 따라 믿는 우리에게 베푸신 능력의 지극히 크심이 어떤 것을 너희로 알게 하시기를 구하노라

하나님을 경외하고 그 명령을 지킬지어다

전도서 12:13-14

일의 결국을 다 들었으니 하나님을 경외하고 그 명령을 지킬지어다 이것이 사람의 본분이니라 하나님은 모든 행위와 모든 은밀한 일을 선악간에 심판하시리라

May give to you a spirit of wisdom and revelation

Ephesians 1:17-19

that the God of our Lord Jesus Christ, the Father of glory, may give to you a spirit of wisdom and revelation in the knowledge of him, having the eyes of your hearts enlightened, that you may know what is the hope of his calling, and what are the riches of the glory of his inheritance in the saints, and what is the exceeding greatness of his power toward us who believe, according to that working of the strength of his might

Fear God and keep his commandments

Ecclesiastes 12:13-14

This is the end of the matter. All has been heard. Fear God and keep his commandments; for this is the whole duty of man. 14 For God will bring every work into judgment, with every hidden thing, whether it is good, or whether it is evil.

4. Giving thanks and praying to God
감사와 기도로

그리스도의 말씀이 너희 속에 풍성히 거하여

골로새서 3:16-17

그리스도의 말씀이 너희 속에 풍성히 거하여 모든 지혜로 피차 가르치며 권면하고 시와 찬미와 신령한 노래를 부르며 마음에 감사함으로 하나님을 찬양하고 또 무엇을 하든지 말에나 일에나 다 주 예수의 이름으로 하고 그를 힘입어 하나님 아버지께 감사하라

여호와께 감사하라

시편 118:1

여호와께 감사하라 저는 선하시며
그 인자하심이 영원함이로다

Let the word of Christ dwell in you richly

Colossians 3:16-17

Let the word of Christ dwell in you richly; in all wisdom teaching and admonishing one another with psalms, hymns, and spiritual songs, singing with grace in your heart to the Lord. Whatever you do, in word or in deed, do all in the name of the Lord Jesus, giving thanks to God the Father, through him.

Give thanks to Yahweh

Psalms 118:1

Give thanks to Yahweh, for he is good,
for his loving kindness endures forever.

여호와께서 기도를 받으시리로다

시편 6:9

여호와께서 내 간구를 들으셨음이여
여호와께서 내 기도를 받으시리로다

의인이 외치매 여호와께서 들으시고

시편 34:17-18

의인이 외치매 여호와께서 들으시고
저희의 모든 환난에서 건지셨도다
여호와는 마음이 상한 자에게 가까이 하시고
중심에 통회하는 자를 구원하시는도다

Yahweh accepts my prayer

Psalms 6:9

Yahweh has heard my supplication.

Yahweh accepts my prayer.

The righteous cry, and Yahweh hears

Psalms 34:17-18

The righteous cry, and Yahweh hears, and delivers them out of all their troubles.

Yahweh is near to those who have a broken heart, and saves those who have a crushed spirit.

근심 중에 여호와께 부르짖으매

시편 107:10-15

사람이 흑암과 사망의 그늘에 앉으며 곤고와 쇠사슬에 매임은 하나님의 말씀을 거역하며 지존자의 뜻을 멸시함이라 그러므로 수고로 저희 마음을 낮추셨으니 저희가 엎드러져도 돕는 자가 없었도다

이에 저희가 그 근심 중에 여호와께 부르짖으매 그 고통에서 구원하시되 흑암과 사망의 그늘에서 인도하여 내시고 그 얽은 줄을 끊으셨도다

여호와의 인자하심과 인생에게 행하신 기이한 일을 인하여 그를 찬송할지로다

Then they cried to Yahweh in their trouble

Psalms 107:10-15

Some sat in darkness and in the shadow of death, being bound in affliction and iron, because they rebelled against the words of God, and condemned the counsel of the Most High. Therefore he brought down their heart with labor. They fell down, and there was no one to help.

Then they cried to Yahweh in their trouble, and he saved them out of their distresses. He brought them out of darkness and the shadow of death, and broke away their chains.

Let them praise Yahweh for his loving kindness, for his wonderful deeds to the children of men!

하나님을 가까이 하라

야고보서 4:8

하나님을 가까이 하라 그리하면 너희를 가까이 하시리라
죄인들아 손을 깨끗이 하라 두 마음을 품은 자들아 마
음을 성결케 하라

진실하게 간구하는 모든 자에게

시편 145:18-19

여호와께서는 자기에게 간구하는 모든 자 곧
진실하게 간구하는 모든 자에게 가까이 하시는도다
저는 자기를 경외하는 자의 소원을 이루시며
또 저희 부르짖음을 들으사 구원하시리로다

Draw near to God

James 4:8

Draw near to God, and he will draw near to you.

Cleanse your hands, you sinners.

Purify your hearts, you double-minded.

Call on him in truth

Psalms 145:18-19

Yahweh is near to all those who call on him, to all who call on him in truth. He will fulfill the desire of those who fear him. He also will hear their cry, and will save them.

중심에 진실함을 주께서 원하시오니

시편 51:6-10

중심에 진실함을 주께서 원하시오니
내 속에 지혜를 알게 하시리이다
우슬초로 나를 정결케 하소서 내가 정하리이다
나를 씻기소서 내가 눈보다 희리이다
나로 즐겁고 기쁜 소리를 듣게 하사
주께서 꺾으신 뼈로 즐거워하게 하소서
주의 얼굴을 내 죄에서 돌이키시고
내 모든 죄악을 도말하소서
하나님이여 내 속에 정한 마음을 창조하시고
내 안에 정직한 영을 새롭게 하소서

You desire truth in the inward parts

Psalms 51:6-10

Behold, you desire truth in the inward parts.

You teach me wisdom in the inmost place.

Purify me with hyssop, and I will be clean.

Wash me, and I will be whiter than snow.

Let me hear joy and gladness, that the bones

which you have broken may rejoice.

Hide your face from my sins,

and blot out all of my iniquities.

1Create in me a clean heart, O God.

Renew a right spirit within me.

겸비하고 기도하여 내 얼굴을 구하면

역대하 7:14-15

내 이름으로 일컫는 내 백성이 그 악한 길에서 떠나
스스로 겸비하고 기도하여 내 얼굴을 구하면
내가 하늘에서 듣고 그 죄를 사하고 그 땅을 고칠지라
이곳에서 하는 기도에 내가 눈을 들고 귀를 기울이리니

너희가 내 안에 거하고 내 말이 너희 안에 거하면

요한복음 15:7

너희가 내 안에 거하고 내 말이 너희 안에 거하면
무엇이든지 원하는 대로 구하라 그리하면 이루리라

If my people will humble themselves, pray, seek my face

2 Chronicles 7:14-15

If my people, who are called by my name, will humble themselves, pray, seek my face, and turn from their wicked ways, then I will hear from heaven, will forgive their sin, and will heal their land. Now my eyes will be open and my ears attentive to prayer that is made in this place.

If you remain in me, and my words remain in you

John 15:7

If you remain in me, and my words remain in you, you will ask whatever you desire, and it will be done for you.

내게 부르짖으며 와서 내게 기도하면

예레미야 29:11-13

나 여호와가 말하노라 너희를 향한 나의 생각은 내가
아나니 재앙이 아니라 곧 평안이요 너희 장래에 소망을
주려 하는 생각이라 너희는 내게 부르짖으며 와서 내게
기도하면 내가 너희를 들을 것이요 너희가 전심으로 나
를 찾고 찾으면 나를 만나리라

내게 부르짖으라

예레미야 33:3

너는 내게 부르짖으라 내가 네게 응답하겠고
네가 알지 못하는 크고 비밀한 일을 네게 보이리라

You shall call on me, and go and pray to me

Jeremiah 29:11-13

"For I know the thoughts that I think toward you," says Yahweh, "thoughts of peace, and not of evil, to give you hope and a future. You shall call on me, and you shall go and pray to me, and I will listen to you. You shall seek me, and find me, when you search for me with all your heart.

Call to me

Jeremiah 33:3

Call to me, and I will answer you, and will show you great and difficult things, which you don't know.

은밀한 중에 계신 네 아버지께 기도하라

마태복음 6:6

너는 기도할 때에 네 골방에 들어가 문을 닫고
은밀한 중에 계신 네 아버지께 기도하라
은밀한 중에 보시는 네 아버지께서 갚으시리라

두세 사람이 내 이름으로 모인 곳에는

마태복음 18:19-20

진실로 다시 너희에게 이르노니 너희 중에 두 사람이
땅에서 합심하여 무엇이든지 구하면 하늘에 계신 내 아
버지께서 저희를 위하여 이루게 하시리라 두세 사람이
내 이름으로 모인 곳에는 나도 그들 중에 있느니라

Pray to your Father who is in secret

Matthew 6:6

But you, when you pray, enter into your inner room, and having shut your door, pray to your Father who is in secret; and your Father who sees in secret will reward you openly.

Where two or three are gathered together in my name

Matthew 18:19-20

Again, assuredly I tell you, that if two of you will agree on earth concerning anything that they will ask, it will be done for them by my Father who is in heaven. For where two or three are gathered together in my name, there I am in the middle of them.

하나님을 믿으라

마가복음 11:22-24

예수께서 대답하여 저희에게 이르시되 하나님을 믿으라 내가 진실로 너희에게 이르노니 누구든지 이 산더러 들리어 바다에 던지우라 하며 그 말하는 것이 이룰 줄 믿고 마음에 의심치 아니하면 그대로 되리라

그러므로 내가 너희에게 말하노니 무엇이든지 기도하고 구하는 것은 받은 줄로 믿으라 그리하면 너희에게 그대로 되리라

믿고 구하는 것은 다 받으리라

마태복음 21:22

너희가 기도할 때에 무엇이든지
믿고 구하는 것은 다 받으리라 하시니라

Have faith in God

Mark 11:22-24

Jesus answered them, "Have faith in God. For most certainly I tell you, whoever may tell this mountain, 'Be taken up and cast into the sea,' and doesn't doubt in his heart, but believes that what he says is happening; he shall have whatever he says. Therefore I tell you, all things whatever you pray and ask for, believe that you have received them, and you shall have them.

Whatever you ask in prayer, believing, you will receive

Matthew 21:22

All things, whatever you ask in prayer, believing, you will receive.

구하라 찾으라 두드리라

마태복음 7:7-8
구하라 그러면 너희에게 주실 것이요
찾으라 그러면 찾을 것이요
문을 두드리라 그러면 너희에게 열릴 것이니
구하는 이마다 얻을 것이요 찾는 이가 찾을 것이요
두드리는 이에게 열릴 것이니라

그의 뜻대로 구하면

요한일서 5:14-15
그를 향하여 우리의 가진 바 담대한 것이 이것이니 그
의 뜻대로 무엇을 구하면 들으심이라 우리가 무엇이든지
구하는 바를 들으시는 줄을 안즉 우리가 그에게 구한
그것을 얻은 줄을 또한 아느니라

Ask, seek, and knock

Matthew 7:7-8

Ask, and it will be given you. Seek, and you will find. Knock, and it will be opened for you. For everyone who asks receives. He who seeks finds. To him who knocks it will be opened.

If we ask anything according to his will

1 John 5:14-15

This is the boldness which we have toward him, that if we ask anything according to his will, he listens to us. 15 And if we know that he listens to us, whatever we ask, we know that we have the petitions which we have asked of him.

모든 일에 기도와 간구로

빌립보서 4:6-7

아무것도 염려하지 말고 오직 모든 일에 기도와 간구로,
너희 구할 것을 감사함으로 하나님께 아뢰라
그리하면 모든 지각에 뛰어난 하나님의 평강이
그리스도 예수 안에서 너희 마음과 생각을 지키시리라

은혜의 보좌 앞에 담대히 나아갈 것이니라

히브리서 4:15-16

우리에게 있는 대제사장은 우리 연약함을 체휼하지 아니
하는 자가 아니요 모든 일에 우리와 한결같이 시험을
받은 자로되 죄는 없으시니라 그러므로 우리가 긍휼하심
을 받고 때를 따라 돕는 은혜를 얻기 위하여 은혜의 보
좌 앞에 담대히 나아갈 것이니라

In everything, by prayer and petition

Philippians 4:6-7

In nothing be anxious, but in everything, by prayer and petition with thanksgiving, let your requests be made known to God. And the peace of God, which surpasses all understanding, will guard your hearts and your thoughts in Christ Jesus.

Let's draw near with boldness to the throne of grace

Hebrews 4:15-16

For we don't have a high priest who can't be touched with the feeling of our infirmities, but one who has been in all points tempted like we are, yet without sin. Let's therefore draw near with boldness to the throne of grace, that we may receive mercy and may find grace for help in time of need.

기도하고 찬송할지니라

야고보서 5:13

너희 중에 고난당하는 자가 있느냐 저는 기도할 것이요
즐거워하는 자가 있느냐 저는 찬송할지니라

임금들과 높은 지위에 있는 모든 사람을 위하여

디모데전서 2:1-2

그러므로 내가 첫째로 권하노니 모든 사람을 위하여 간
구와 기도와 도고와 감사를 하되 임금들과 높은 지위에
있는 모든 사람을 위하여 하라 이는 우리가 모든 경건
과 단정한 중에 고요하고 평안한 생활을 하려 함이니라

Let him pray and sing praises

James 5:13

Is any among you suffering? Let him pray. Is any
cheerful? Let him sing praises.

For kings and all who are in high places

1 Timothy 2:1-2

I exhort therefore, first of all, that petitions,
prayers, intercessions, and givings of thanks be
made for all men: for kings and all who are in
high places, that we may lead a tranquil and quiet
life in all godliness and reverence.

너희 원수를 사랑하며

마태복음 5:44-45

나는 너희에게 이르노니 너희 원수를 사랑하며
너희를 핍박하는 자를 위하여 기도하라
이같이 한즉 하늘에 계신 너희 아버지의 아들이 되리니
이는 하나님이 그 해를 악인과 선인에게 비취게 하시며
비를 의로운 자와 불의한 자에게 내리우심이니라

무시로 성령 안에서 기도하고

에베소서 6:18

모든 기도와 간구로 하되 무시로 성령 안에서 기도하고
이를 위하여 깨어 구하기를 항상 힘쓰며 여러 성도를
위하여 구하고

Love your enemies

Matthew 5:44-45

But I tell you, love your enemies, bless those who curse you, do good to those who hate you, and pray for those who mistreat you and persecute you, that you may be children of your Father who is in heaven. For he makes his sun to rise on the evil and the good, and sends rain on the just and the unjust.

Praying at all times in the Spirit

Ephesians 6:18

With all prayer and requests, praying at all times in the Spirit, and being watchful to this end in all perseverance and requests for all the saints

먼저 그의 나라와 그의 의를 구하라

마태복음 6:33

너희는 먼저 그의 나라와 그의 의를 구하라
그리하면 이 모든 것을 너희에게 더하시리라

주 예수 그리스도의 긍휼을 기다리라

유다서 1:20-21

사랑하는 자들아 너희는 너희의 지극히 거룩한 믿음 위
에 자기를 건축하며 성령으로 기도하며 하나님의 사랑
안에서 자기를 지키며 영생에 이르도록 우리 주 예수
그리스도의 긍휼을 기다리라

Seek first God's Kingdom and his righteousness

Matthew 6:33

But seek first God's Kingdom and his righteousness; and all these things will be given to you as well.

Looking for the mercy of our Lord Jesus Christ to eternal life

Jude 1:20-21

But you, beloved, keep building up yourselves on your most holy faith, praying in the Holy Spirit. Keep yourselves in God's love, looking for the mercy of our Lord Jesus Christ to eternal life.

5. Love your God and your neighbor
하나님 사랑, 이웃 사랑

하나님이 세상을 이처럼 사랑하사

요한복음 3:16

하나님이 세상을 이처럼 사랑하사
독생자를 주셨으니 이는 저를 믿는 자마다
멸망치 않고 영생을 얻게 하려 하심이니라

그리스도께서 우리를 위하여 죽으심으로

로마서 5:8

우리가 아직 죄인 되었을 때에 그리스도께서 우리를 위
하여 죽으심으로 하나님께서 우리에게 대한 자기의 사랑
을 확증하셨느니라

For God so loved the world

John 3:16

For God so loved the world, that he gave his one and only Son, that whoever believes in him should not perish, but have eternal life.

Christ died for us

Romans 5:8

But God commends his own love toward us, in that while we were yet sinners, Christ died for us.

하나님은 사랑이심이라

요한일서 4:8-12

사랑하지 아니하는 자는 하나님을 알지 못하나니
이는 하나님은 사랑이심이라

하나님의 사랑이 우리에게 이렇게 나타난바 되었으
니 하나님이 자기의 독생자를 세상에 보내심은 저
로 말미암아 우리를 살리려 하심이니라

사랑은 여기 있으니 우리가 하나님을 사랑한 것이
아니요 오직 하나님이 우리를 사랑하사 우리 죄를
위하여 화목제로 그 아들을 보내셨음이니라

사랑하는 자들아 하나님이 이같이 우리를 사랑하셨
은즉 우리도 서로 사랑하는 것이 마땅하도다

어느 때나 하나님을 본 사람이 없으되 만일 우리가
서로 사랑하면 하나님이 우리 안에 거하시고 그의
사랑이 우리 안에 온전히 이루느니라

God is love

1 John 4:8-12

He who doesn't love doesn't know God, for God is love. By this God's love was revealed in us, that God has sent his one and only Son into the world that we might live through him. In this is love, not that we loved God, but that he loved us, and sent his Son as the atoning sacrifice for our sins. Beloved, if God loved us in this way, we also ought to love one another. No one has seen God at any time. If we love one another, God remains in us, and his love has been perfected in us.

하나님 여호와를 사랑하라

신명기 6:5

너는 마음을 다하고 성품을 다하고 힘을 다하여
네 하나님 여호와를 사랑하라

하나님을 사랑하면

고린도전서 8:3

또 누구든지 하나님을 사랑하면
이 사람은 하나님의 아시는 바 되었느니라

You shall love Yahweh your God

Deuteronomy 6:5

You shall love Yahweh your God with all your heart, with all your soul, and with all your might.

If anyone loves God

1 Corinthians 8:3

But if anyone loves God, the same is known by him.

나를 사랑하는 자들이 나의 사랑을 입으며

잠언 8:17

나를 사랑하는 자들이 나의 사랑을 입으며
나를 간절히 찾는 자가 나를 만날 것이니라

그의 계명들을 지키는 것이라

요한일서 5:3

하나님을 사랑하는 것은 이것이니 우리가 그의 계명들을
지키는 것이라 그의 계명들은 무거운 것이 아니로다

I love those who love me

Proverbs 8:17

I love those who love me.

Those who seek me diligently will find me.

That we keep his commandments

1 John 5:3

For this is loving God, that we keep his commandments. His commandments are not grievous.

나의 계명을 지키는 자라야

요한복음 14:21

나의 계명을 가지고 지키는 자라야 나를 사랑하는 자니
나를 사랑하는 자는 내 아버지께 사랑을 받을 것이요
나도 그를 사랑하여 그에게 나를 나타내리라

내 사랑 안에 거하라

요한복음 15:9-10

아버지께서 나를 사랑하신 것같이 나도 너희를 사랑하였
으니 나의 사랑 안에 거하라 내가 아버지의 계명을 지
켜 그의 사랑 안에 거하는 것같이 너희도 내 계명을 지
키면 내 사랑 안에 거하리라

Who has my commandments and keeps them

John 14:21

One who has my commandments and keeps them, that person is one who loves me. One who loves me will be loved by my Father, and I will love him, and will reveal myself to him.

Remain in my love

John 15:9-10

Even as the Father has loved me, I also have loved you. Remain in my love. If you keep my commandments, you will remain in my love; even as I have kept my Father's commandments, and remain in his love.

너희 착한 행실을 보고

마태복음 5:16

이같이 너희 빛을 사람 앞에 비취게 하여 저희로 너희 착한 행실을 보고 하늘에 계신 너희 아버지께 영광을 돌리게 하라

선을 행하되 낙심하지 말지니

갈라디아서 6:9-10

우리가 선을 행하되 낙심하지 말지니 피곤하지 아니하면 때가 이르매 거두리라 그러므로 우리는 기회 있는 대로 모든 이에게 착한 일을 하되 더욱 믿음의 가정들에게 할지니라

They may see your good works

Matthew 5:16

Even so, let your light shine before men, that they may see your good works and glorify your Father who is in heaven.

Let's not be weary in doing good

Galatians 6:9-10

Let's not be weary in doing good, for we will reap in due season, if we don't give up. 10 So then, as we have opportunity, let's do what is good toward all men, and especially toward those who are of the household of the faith.

네 이웃을 네 몸과 같이 사랑하라

마태복음 22:37-39

예수께서 가라사대 네 마음을 다하고 목숨을 다하고 뜻을 다하여 주 너의 하나님을 사랑하라 하셨으니 이것이 크고 첫째 되는 계명이니 둘째는 그와 같으니 네 이웃을 네 몸과 같이 사랑하라 하셨으니

서로 사랑하라

요한복음 13:34-35

새 계명을 너희에게 주노니 서로 사랑하라
내가 너희를 사랑한 것같이 너희도 서로 사랑하라
너희가 서로 사랑하면 이로써 모든 사람이 너희가
내 제자인줄 알리라

You shall love your neighbor as yourself

Matthew 22:37-39

Jesus said to him, "'You shall love the Lord your God with all your heart, with all your soul, and with all your mind.' This is the first and great commandment. A second likewise is this, 'You shall love your neighbor as yourself.'

Love one another

John 13:34-35

A new commandment I give to you, that you love one another. Just as I have loved you, you also love one another. By this everyone will know that you are my disciples, if you have love for one another."

사랑은

고린도전서 13:4-7

사랑은 오래 참고 사랑은 온유하며
투기하는 자가 되지 아니하며
사랑은 자랑하지 아니하며
교만하지 아니하며
무례히 행치 아니하며
자기의 유익을 구치 아니하며
성내지 아니하며
악한 것을 생각지 아니하며
불의를 기뻐하지 아니하며
진리와 함께 기뻐하고
모든 것을 참으며 모든 것을 믿으며
모든 것을 바라며 모든 것을 견디느니라

Love is

1 Corinthians 13:4-7
Love is patient and is kind.
Love doesn't envy.
Love doesn't brag,
is not proud,
doesn't behave itself inappropriately,
doesn't seek its own way,
is not provoked,
takes no account of evil;
doesn't rejoice in unrighteousness,
but rejoices with the truth;
bears all things, believes all things,
hopes all things, and endures all things.

하나님이 기뻐하는 금식

이사야 58:6-11

나의 기뻐하는 금식은 흉악의 결박을 풀어 주며 멍에의 줄을 끌러 주며 압제 당하는 자를 자유케 하며 모든 멍에를 꺾는 것이 아니겠느냐

또 주린 자에게 네 식물을 나눠 주며 유리하는 빈민을 네 집에 들이며 벗은 자를 보면 입히며 또 네 골육을 피하여 스스로 숨지 아니하는 것이 아니겠느냐

그리하면 네 빛이 아침 같이 비췰 것이며 네 치료가 급속할 것이며 네 의가 네 앞에 행하고 여호와의 영광이 네 뒤에 호위하리니 네가 부를 때에는 나 여호와가 응답하겠고 네가 부르짖을 때에는 말하기를 내가 여기 있다 하리라

만일 네가 너희 중에서 멍에와 손가락질과 허망한 말을 제하여 버리고 주린 자에게 네 심정을 동하며 괴로워하는 자의 마음을 만족케 하면 네 빛이 흑암 중에서 발하여 네 어두움이 낮과 같이 될 것이며 나 여호와가 너를 항상 인도하여 마른 곳에서도 네 영혼을 만족케 하며 네 뼈를 견고케 하리니 너는 물 댄 동산 같겠고 물이 끊어지지 아니하는 샘 같을 것이라

The fast that I have chosen

Isaiah 58:6-11

"Isn't this the fast that I have chosen: to release the bonds of wickedness, to undo the straps of the yoke, to let the oppressed go free, and that you break every yoke? Isn't it to distribute your bread to the hungry, and that you bring the poor who are cast out to your house? When you see the naked, that you cover him; and that you not hide yourself from your own flesh?

Then your light will break out as the morning, and your healing will appear quickly; then your righteousness shall go before you, and Yahweh's glory will be your rear guard. Then you will call, and Yahweh will answer. You will cry for help, and he will say, 'Here I am.'

"If you take away from among you the yoke, finger pointing, and speaking wickedly; and if you pour out your soul to the hungry, and satisfy the afflicted soul, then your light will rise in darkness, and your obscurity will be as the noonday; and Yahweh will guide you continually, satisfy your soul in dry places, and make your bones strong. You will be like a watered garden, and like a spring of water whose waters don't fail.

모든 겸손과 온유로 하고

에베소서 4:2

모든 겸손과 온유로 하고 오래 참음으로
사랑 가운데서 서로 용납하고

너희가 더욱 힘써

베드로후서 1:5-7

이러므로 너희가 더욱 힘써 너희 믿음에 덕을, 덕에 지
식을, 지식에 절제를, 절제에 인내를, 인내에 경건을, 경
건에 형제 우애를, 형제 우애에 사랑을 공급하라

With all lowliness and humility

Ephesians 4:2

With all lowliness and humility, with patience, bearing with one another in love

Adding on your part all diligence

2 Peter 1:5-7

Yes, and for this very cause adding on your part all diligence, in your faith supply moral excellence; and in moral excellence, knowledge; and in knowledge, self-control; and in self-control perseverance; and in perseverance godliness; and in godliness brotherly affection; and in brotherly affection, love.

마음을 같이 하여 같은 사랑을 가지고

빌립보서 2:1-4

그러므로 그리스도 안에 무슨 권면이나 사랑에 무슨 위로나 성령의 무슨 교제나 긍휼이나 자비가 있거든 마음을 같이 하여 같은 사랑을 가지고 뜻을 합하며 한 마음을 품어 아무 일에든지 다툼이나 허영으로 하지 말고 오직 겸손한 마음으로 각각 자기보다 남을 낫게 여기고 각각 자기 일을 돌아볼 뿐더러 또한 각각 다른 사람들의 일을 돌아보아 나의 기쁨을 충만케 하라

사랑으로 행하라

고린도전서 16:14

너희 모든 일을 사랑으로 행하라

By being like-minded, having the same love

Philippians 2:1-4

If therefore there is any exhortation in Christ, if any consolation of love, if any fellowship of the Spirit, if any tender mercies and compassion, make my joy full by being like-minded, having the same love, being of one accord, of one mind; doing nothing through rivalry or through conceit, but in humility, each counting others better than himself; each of you not just looking to his own things, but each of you also to the things of others.

Do in love

1 Corinthians 16

Let all that you do be done in love.

하나님이 그리스도 안에서 용서하심과 같이

에베소서 4:32

서로 인자하게 하며 불쌍히 여기며 서로 용서하기를
하나님이 그리스도 안에서 너희를 용서하심과 같이 하라

용서하라

마가복음 11:25

서서 기도할 때에 아무에게나 혐의가 있거든 용서하라
그리하여야 하늘에 계신 너희 아버지도 너희 허물을 사
하여 주시리라 하셨더라

Just as God also in Christ forgave you

Ephesians 3

And be kind to one another, tender hearted, forgiving each other, just as God also in Christ forgave you.

Forgive

Mark 11:25

Whenever you stand praying, forgive, if you have anything against anyone; so that your Father, who is in heaven, may also forgive you your transgressions.

사랑은 율법의 완성

로마서 13:10

사랑은 이웃에게 악을 행치 아니하나니
그러므로 사랑은 율법의 완성이니라

열심으로 서로 사랑할지니

베드로전서 4:7-8

만물의 마지막이 가까웠으니 그러므로 너희는 정신을 차
리고 근신하여 기도하라 무엇보다도 열심으로 서로 사랑
할지니 사랑은 허다한 죄를 덮느니라

Love is the fulfillment of the law

Romans 13:10

Love doesn't harm a neighbor.

Love therefore is the fulfillment of the law.

Be earnest in your love among yourselves

1 Peter 4:7-8

But the end of all things is near. Therefore be of sound mind, self-controlled, and sober in prayer. And above all things be earnest in your love among yourselves, for love covers a multitude of sins.

6. Looking to Jesus
예수님을 바라보며

이 말씀은 곧 하나님이시니라

요한복음 1:1-4

태초에 말씀이 계시니라 이 말씀이 하나님과 함께 계셨으니 이 말씀은 곧 하나님이시니라

그가 태초에 하나님과 함께 계셨고 만물이 그로 말미암아 지은 바 되었으니 지은 것이 하나도 그가 없이는 된 것이 없느니라

그 안에 생명이 있었으니 이 생명은 사람들의 빛이라

말씀이 육신이 되어

요한복음 1: 14

말씀이 육신이 되어 우리 가운데 거하시매 우리가 그 영광을 보니 아버지의 독생자의 영광이요 은혜와 진리가 충만하더라

The Word was God

John 1:1-4

In the beginning was the Word, and the Word was with God, and the Word was God. The same was in the beginning with God. All things were made through him. Without him, nothing was made that has been made. In him was life, and the life was the light of men.

The Word became flesh

John 1:14

The Word became flesh, and lived among us. We saw his glory, such glory as of the one and only Son of the Father, full of grace and truth.

빛으로 세상에 왔나니

요한복음 12:46

나는 빛으로 세상에 왔나니 무릇 나를 믿는 자로 어두움에 거하지 않게 하려 함이로라

사망에서 생명으로

요한복음 5:24

내가 진실로 진실로 너희에게 이르노니 내 말을 듣고 또 나 보내신 이를 믿는 자는 영생을 얻었고 심판에 이르지 아니하나니 사망에서 생명으로 옮겼느니라

I have come as a light into the world

John 12:46

I have come as a light into the world, that whoever believes in me may not remain in the darkness.

Has passed out of death into life

John 5:24

"Most certainly I tell you, he who hears my word and believes him who sent me has eternal life, and doesn't come into judgment, but has passed out of death into life.

길이요 진리요 생명이니

요한복음 14:6

예수께서 가라사대 내가 곧 길이요 진리요 생명이니
나로 말미암지 않고는 아버지께로 올 자가 없느니라

성경이 곧 내게 대하여 증거하는 것이로다

요한복음 5:39

너희가 성경에서 영생을 얻는 줄 생각하고 성경을 상고
하거니와 이 성경이 곧 내게 대하여 증거하는 것이로다

I am the way, the truth, and the life

John 14:6

Jesus said to him, "I am the way, the truth, and the life. No one comes to the Father, except through me.

The Scriptures testify about me

John 5:39

"You search the Scriptures, because you think that in them you have eternal life; and these are they which testify about me.

평강의 왕

이사야 9:6

이는 한 아기가 우리에게 났고 한 아들을 우리에게 주신바 되었는데 그 어깨에는 정사를 메었고 그 이름은 기묘자라, 모사라, 전능하신 하나님이라, 영존하시는 아버지라, 평강의 왕이라 할 것임이라

그는 공의로우며 구원을 베풀며 겸손하여서

스가랴 9:9

시온의 딸아 크게 기뻐할지어다 예루살렘의 딸아 즐거이 부를지어다 보라 네 왕이 네게 임하나니 그는 공의로우며 구원을 베풀며 겸손하여서 나귀를 타나니 나귀의 작은 것 곧 나귀새끼니라

Prince of Peace

Isaiah 9:6

For a child is born to us. A son is given to us; and the government will be on his shoulders. His name will be called Wonderful Counselor, Mighty God, Everlasting Father, Prince of Peace.

He is righteous, and having salvation; lowly

Zechariah 9:9

Rejoice greatly, daughter of Zion! Shout, daughter of Jerusalem! Behold, your King comes to you! He is righteous, and having salvation; lowly, and riding on a donkey, even on a colt, the foal of a donkey.

내 아버지께서 모든 것을 내게 주셨으니

마태복음 11:27

내 아버지께서 모든 것을 내게 주셨으니 아버지 외에는 아들을 아는 자가 없고 아들과 또 아들의 소원대로 계시를 받는 자 외에는 아버지를 아는 자가 없느니라

나를 믿는 자는 나를 보내신 이를 믿는 것

요한복음 12:44-45

예수께서 외쳐 가라사대 나를 믿는 자는 나를 믿는 것이 아니요 나를 보내신 이를 믿는 것이며 나를 보는 자는 나를 보내신 이를 보는 것이니라

All things have been delivered to me by my Father

Matthew 11:27

All things have been delivered to me by my Father. No one knows the Son, except the Father; neither does anyone know the Father, except the Son and he to whom the Son desires to reveal him.

Whoever believes in me, believes in him who sent me

John 12:44-45

Jesus cried out and said, "Whoever believes in me, believes not in me, but in him who sent me. He who sees me sees him who sent me."

그의 피로 말미암아 죄 사함을 받았으니

에베소서 1:7

우리가 그리스도 안에서 그의 은혜의 풍성함을 따라 그의 피로 말미암아 구속 곧 죄 사함을 받았으니

내가 그리스도와 함께 십자가에 못 박혔나니

갈라디아서 2:20

내가 그리스도와 함께 십자가에 못 박혔나니 그런즉 이제는 내가 산 것이 아니요 오직 내 안에 그리스도께서 사신 것이라 이제 내가 육체 가운데 사는 것은 나를 사랑하사 나를 위하여 자기 몸을 버리신 하나님의 아들을 믿는 믿음 안에서 사는 것이라

In whom we have our redemption through his blood

Ephesians 1:7

In whom we have our redemption through his blood, the forgiveness of our trespasses, according to the riches of his grace

I have been crucified with Christ

Galatians 2:20

I have been crucified with Christ, and it is no longer I who live, but Christ lives in me. That life which I now live in the flesh, I live by faith in the Son of God, who loved me, and gave himself up for me.

그리스도 안에서 삶을 얻으리라

고린도전서 15:22

아담 안에서 모든 사람이 죽은 것같이

그리스도 안에서 모든 사람이 삶을 얻으리라

이 보배를 질그릇에 가졌으니

고린도후서 4:6-7

어두운 데서 빛이 비취리라 하시던 그 하나님께서 예수 그리스도의 얼굴에 있는 하나님의 영광을 아는 빛을 우리 마음에 비취셨느니라 우리가 이 보배를 질그릇에 가졌으니 이는 능력의 심히 큰 것이 하나님께 있고 우리에게 있지 아니함을 알게 하려 함이라

In Christ all will be made alive

1 Corinthians 15:22

For as in Adam all die, so also in Christ all will be made alive.

We have this treasure in clay vessels

2 Corinthians 4:6-7

seeing it is God who said, "Light will shine out of darkness," who has shone in our hearts to give the light of the knowledge of the glory of God in the face of Jesus Christ. But we have this treasure in clay vessels, that the exceeding greatness of the power may be of God, and not from ourselves.

너희로 우리와 사귐이 있게 하려 함이니

요한일서 1:3

우리가 보고 들은 바를 너희에게도 전함은 너희로 우리
와 사귐이 있게 하려 함이니 우리의 사귐은 아버지와
그 아들 예수 그리스도와 함께함이라

끝까지 사랑하시니라

요한복음 13:1

유월절 전에 예수께서 자기가 세상을 떠나 아버지께로
돌아가실 때가 이른 줄 아시고 세상에 있는 자기 사람
들을 사랑하시되 끝까지 사랑하시니라

You also may have fellowship with us

1 John 1:3

that which we have seen and heard we declare to you, that you also may have fellowship with us. Yes, and our fellowship is with the Father, and with his Son, Jesus Christ.

He loved them to the end

John 13:1

Now before the feast of the Passover, Jesus, knowing that his time had come that he would depart from this world to the Father, having loved his own who were in the world, he loved them to the end.

너희도 서로 사랑하라

요한복음 15:12

내 계명은 곧 내가 너희를 사랑한 것같이
너희도 서로 사랑하라 하는 이것이니라

아버지의 원대로 되기를 원하나이다

누가복음 22:42-44

가라사대 아버지여 만일 아버지의 뜻이어든 이 잔을 내게
서 옮기시옵소서 그러나 내 원대로 마옵시고 아버지의 원
대로 되기를 원하나이다 하시니 사자가 하늘로부터 예수
께 나타나 힘을 돕더라 예수께서 힘쓰고 애써 더욱 간절
히 기도하시니 땀이 땅에 떨어지는 핏방울 같이 되더라

Love one another

John 15:12

This is my commandment, that you love one another, even as I have loved you.

Not my will, but yours, be done

Luke 22:42-44

saying, "Father, if you are willing, remove this cup from me. Nevertheless, not my will, but yours, be done." An angel from heaven appeared to him, strengthening him. Being in agony he prayed more earnestly. His sweat became like great drops of blood falling down on the ground.

저희를 사하여 주옵소서

누가복음 23:34

이에 예수께서 가라사대 아버지여 저희를 사하여 주옵소
서 자기의 하는 것을 알지 못함이니이다 하시더라

그가 채찍에 맞음으로 우리가 나았도다

이사야 53:5

그가 찔림은 우리의 허물을 인함이요 그가 상함은 우리의
죄악을 인함이라 그가 징계를 받음으로 우리가 평화를 누
리고 그가 채찍에 맞음으로 우리가 나음을 입었도다

Father, forgive them

Luke 23:34

Jesus said, "Father, forgive them, for they don't know what they are doing."

By his wounds we are healed

Isaiah 53:5

But he was pierced for our transgressions. He was crushed for our iniquities. The punishment that brought our peace was on him; and by his wounds we are healed.

그리스도와 함께 살리셨고

에베소서 2:4-5

긍휼에 풍성하신 하나님이 우리를 사랑하신 그 큰 사랑을 인하여 허물로 죽은 우리를 그리스도와 함께 살리셨고 (너희가 은혜로 구원을 얻은 것이라)

담대하라, 내가 세상을 이기었노라

요한복음 16:33

이것을 너희에게 이름은 너희로 내 안에서 평안을 누리게 하려 함이라 세상에서는 너희가 환난을 당하나 담대하라 내가 세상을 이기었노라 하시니라

God made us alive together with Christ

Ephesians 2:4-5

But God, being rich in mercy, for his great love with which he loved us, even when we were dead through our trespasses, made us alive together with Christ—by grace you have been saved.

Cheer up! I have overcome the world

John 16:33

I have told you these things, that in me you may have peace. In the world you have trouble; but cheer up! I have overcome the world.

저가 모든 사람을 대신하여 죽으심은

고린도후서 5:15

저가 모든 사람을 대신하여 죽으심은 산 자들로 하여금 다시는 저희 자신을 위하여 살지 않고 오직 저희를 대신하여 죽었다가 다시 사신 자를 위하여 살게 하려 함이니라

너희에게 분부한 모든 것을 가르쳐 지키게 하라

마태복음 28:18-20

예수께서 나아와 일러 가라사대 하늘과 땅의 모든 권세를 내게 주셨으니 그러므로 너희는 가서 모든 족속으로 제자를 삼아 아버지와 아들과 성령의 이름으로 세례를 주고 내가 너희에게 분부한 모든 것을 가르쳐 지키게 하라 볼지어다 내가 세상 끝 날까지 너희와 항상 함께 있으리라 하시니라

He died for all

2 Corinthians 5:15

He died for all, that those who live should no longer live to themselves, but to him who for their sakes died and rose again.

Teaching them to observe all things that I commanded you

Matthew 28:18-20

Jesus came to them and spoke to them, saying, "All authority has been given to me in heaven and on earth. Go and make disciples of all nations, baptizing them in the name of the Father and of the Son and of the Holy Spirit, teaching them to observe all things that I commanded you. Behold, I am with you always, even to the end of the age."

다 회개하기에 이르기를 원하시느니라

베드로후서 3:8-9

사랑하는 자들아 주께는 하루가 천년 같고 천년이 하루 같은 이 한 가지를 잊지 말라 주의 약속은 어떤 이의 더디다고 생각하는 것같이 더딘 것이 아니라 오직 너희를 대하여 오래 참으사 아무도 멸망치 않고 다 회개하기에 이르기를 원하시느니라

우리를 위하여 간구하시는

로마서 8:34

누가 정죄하리요 죽으실 뿐 아니라 다시 살아나신 이는 그리스도 예수시니 그는 하나님 우편에 계신 자요 우리를 위하여 간구하시는 자시니라

He is wishing that all should come to repentance

2 Peter 3:8-9

But don't forget this one thing, beloved, that one day is with the Lord as a thousand years, and a thousand years as one day. 9 The Lord is not slow concerning his promise, as some count slowness; but he is patient with us, not wishing that anyone should perish, but that all should come to repentance.

He also makes intercession for us

Romans 8:34

Who is he who condemns? It is Christ who died, yes rather, who was raised from the dead, who is at the right hand of God, who also makes intercession for us.

예수의 마음을 품으라

빌립보서 2:5-11

너희 안에 이 마음을 품으라 곧 그리스도 예수의 마음이니 그는 근본 하나님의 본체시나 하나님과 동등 됨을 취할 것으로 여기지 아니하시고 오히려 자기를 비어 종의 형체를 가져 사람들과 같이 되었고 사람의 모양으로 나타나셨으매 자기를 낮추시고 죽기까지 복종하셨으니 곧 십자가에 죽으심이라

이러므로 하나님이 그를 지극히 높여 모든 이름 위에 뛰어난 이름을 주사 하늘에 있는 자들과 땅에 있는 자들과 땅 아래 있는 자들로 모든 무릎을 예수의 이름에 꿇게 하시고 모든 입으로 예수 그리스도를 주라 시인하여 하나님 아버지께 영광을 돌리게 하셨느니라

Have this in your mind, which was in Christ Jesus

Philippians 2:5-11

Have this in your mind, which was also in Christ Jesus, who, existing in the form of God, didn't consider equality with God a thing to be grasped, but emptied himself, taking the form of a servant, being made in the likeness of men. And being found in human form, he humbled himself, becoming obedient to the point of death, yes, the death of the cross. Therefore God also highly exalted him, and gave to him the name which is above every name, that at the name of Jesus every knee should bow, of those in heaven, those on earth, and those under the earth, and that every tongue should confess that Jesus Christ is Lord, to the glory of God the Father.

예수를 바라보며

히브리서 12:1-2

이러므로 우리에게 구름 같이 둘러싼 허다한 증인들이 있으니 모든 무거운 것과 얽매이기 쉬운 죄를 벗어 버리고 인내로써 우리 앞에 당한 경주를 경주하며 믿음의 주요 또 온전케 하시는 이인 예수를 바라보자 저는 그 앞에 있는 즐거움을 위하여 십자가를 참으사 부끄러움을 개의치 아니하시더니 하나님 보좌 우편에 앉으셨느니라

누구든지 내 음성을 듣고 문을 열면

요한계시록 3:20-21

볼지어다 내가 문밖에 서서 두드리노니 누구든지 내 음성을 듣고 문을 열면 내가 그에게로 들어가 그로 더불어 먹고 그는 나로 더불어 먹으리라 이기는 그에게는 내가 내 보좌에 함께 앉게 하여 주기를 내가 이기고 아버지 보좌에 함께 앉은 것과 같이 하리라

Looking to Jesus

Hebrews 12:1-2

Therefore let's also, seeing we are surrounded by so great a cloud of witnesses, lay aside every weight and the sin which so easily entangles us, and let's run with perseverance the race that is set before us, looking to Jesus, the author and perfecter of faith, who for the joy that was set before him endured the cross, despising its shame, and has sat down at the right hand of the throne of God.

If anyone hears my voice and opens the door

Revelation 3:20-21

Behold, I stand at the door and knock. If anyone hears my voice and opens the door, then I will come in to him, and will dine with him, and he with me. 21 He who overcomes, I will give to him to sit down with me on my throne, as I also overcame, and sat down with my Father on his throne.

팔복의 사람

마태복음 5:3-10

심령이 가난한 자는 복이 있나니
천국이 저희 것임이요
애통하는 자는 복이 있나니
저희가 위로를 받을 것임이요
온유한 자는 복이 있나니
저희가 땅을 기업으로 받을 것임이요
의에 주리고 목마른 자는 복이 있나니
저희가 배부를 것임이요
긍휼히 여기는 자는 복이 있나니
저희가 긍휼히 여김을 받을 것임이요
마음이 청결한 자는 복이 있나니
저희가 하나님을 볼 것임이요
화평케 하는 자는 복이 있나니
저희가 하나님의 아들이라 일컬음을 받을 것임이요
의를 위하여 핍박을 받은 자는 복이 있나니
천국이 저희 것임이라

The Beatitudes

Matthew 5:3-10

Blessed are the poor in spirit,

for theirs is the Kingdom of Heaven.

Blessed are those who mourn,

for they shall be comforted.

Blessed are the gentle,

for they shall inherit the earth.

Blessed are those who hunger and thirst

for righteousness, for they shall be filled.

Blessed are the merciful,

for they shall obtain mercy.

Blessed are the pure in heart,

for they shall see God.

Blessed are the peacemakers,

for they shall be called children of God.

Blessed are those who have been persecuted

for righteousness' sake,

for theirs is the Kingdom of Heaven.

Appendix 부록

The Books of the Bible 성경 책명

The Lord's Prayer 주기도문

The Apostles' Creed 사도신경

The Ten Commandments 십계명

The Books of the Bible 성경 책명과 약자

The Old Testament 구약

Genesis (GE) 창세기

Exodus (EX) 출애굽기

Leviticus (LEV) 레위기

Numbers (NU) 민수기

Deuteronomy (DT) 신명기

Joshua (JOS) 여호수아

Judges (JDG) 사사기

Ruth (RU) 룻기

1 Samuel (1SA) 사무엘상

2 Samuel (2SA) 사무엘하

1 King (1KI) 열왕기상

2 King (2KI) 열왕기하

1 Chronicles (1CH) 역대상

2 Chronicles (2CH) 역대하

Ezra (EZR) 에스라

Nehemiah (NE) 느헤미야

Esther (EST) 에스더

Job (JOB) 욥기

Psalms (PS) 시편

Proverbs (PR) 잠언

Ecclesiastes (ECC) 전도서

Song of songs (SS) 아가

Isaiah (ISA) 이사야

Jeremiah (JER) 예레미야

Lamentations (LA) 예레미야 애가

Ezekiel (EZE) 에스겔

Daniel (DA) 다니엘

Hosea (HOS) 호세아

Joel (JOE) 요엘

Amos (AM) 아모스

Obadiah (OB) 오바댜

Jonah (JNH) 요나

Micah (MIC) 미가

Nahum (NA) 나훔

Habakkuk (HAB) 하박국

Zephaniah (ZEP) 스바냐

Haggai (HAG) 학개

Zechariah (ZEC) 스가랴

Malachi (MAL) 말라기

The New Testament   신약

Matthew (MT)   마태복음

Mark (MK)   마가복음

Luke (LK)   누가복음

John (JN)   요한복음

Acts (AC)   사도행전

Romans (RO)   로마서

1 Corinthians (1CO)   고린도전서

2 Corinthians (2CO)   고린도후서

Galatians (GAL)   갈라디아서

Ephesians (EPH)   에베소서

Philippians (PHP)   빌립보서

Colossians (COL)   골로새서

1 Thessalonians (1TH)   데살로니가전서

2 Thessalonians (2TH)   데살로니가후서

1 Timothy (1TI)   디모데전서

2 Timithy (2TI)   디모데후서

Titus (TIT)   디도서

Philemon (PHM)   빌레몬서

Hebrews (HEB)   히브리서

James (JAS)   야고보서

1 Peter (1PE)　베드로전서

2 Peter (2PE)　베드로후서

1 John (1JN)　요한일서

2 John (2JN)　요한이서

3 John (3JN)　요한삼서

Jude (JUDE)　유다서

Revelation (REV)　요한계시록

주기도문

마태복음 6:9-13

그러므로 너희는 이렇게 기도하라

하늘에 계신 우리 아버지여

이름이 거룩히 여김을 받으시오며 나라가 임하옵시며

뜻이 하늘에서 이룬 것같이 땅에서도 이루어지이다

오늘날 우리에게 일용할 양식을 주옵시고

우리가 우리에게 죄 지은 자를 사하여 준 것같이

우리 죄를 사하여 주옵시고

우리를 시험에 들게 하지 마옵시고

다만 악에서 구하옵소서

(나라와 권세와 영광이 아버지께 영원히 있사옵나이다

아멘)

The Lord's Prayer

Matthew 6:9–13

Our Father in heaven,

may your name be kept holy.

Let your Kingdom come.

Let your will be done on earth as it is in heaven.

Give us today our daily bread.

Forgive us our debts,

as we also forgive our debtors.

Bring us not into temptation,

but deliver us from the evil one.

For yours is the Kingdom, the power,

and the glory forever. Amen.

사도신경

전능하사 천지를 만드신 하나님 아버지를 내가 믿사오며
그 외아들 우리 주 예수 그리스도를 믿사오니
이는 성령으로 잉태하사 동정녀 마리아에게 나시고
본디오 빌라도에게 고난을 받으사 십자가에 못 박혀 죽
으시고
장사한 지 사흘 만에 죽은 자 가운데서 다시 살아나시며
하늘에 오르사 전능하신 하나님 우편에 앉아 계시다가
저리로서 산 자와 죽은 자를 심판하러 오시리라.
성령을 믿사오며 거룩한 공회와 성도가 서로 교통하는
것과 죄를 사하여 주시는 것과 몸이 다시 사는 것과
영원히 사는 것을 믿사옵나이다.

아멘.

The Apostles' Creed

I believe in God, the Father almighty, creator of heaven and earth. I believe in Jesus Christ, his only Son, our Lord.

He was conceived by the power of the Holy Spirit and born of the virgin Mary. He suffered under Pontius Pilate, was crucified, died, and was buried. He descended to the dead.

On the third day he rose again. He ascended into heaven, and is seated at the right hand of the Father. He will come again to judge the living and the dead.

I believe in the Holy Spirit, the holy universal church, the communion of the saints, the forgiveness of sins, the resurrection of the body, and the life everlasting.

Amen.

십 계 명

출애굽기 20:1-17

1. 너는 나 외에는 다른 신들을 네게 두지 말라.

2. 너를 위하여 새긴 우상을 만들지 말고 또 위로 하늘에 있는 것이나 아래로 땅에 있는 것이나 땅 아래 물 속에 있는 것의 어떤 형상도 만들지 말라.

3. 너는 네 하나님 여호와의 이름을 망령되게 부르지 말라.

4. 안식일을 기억하여 거룩하게 지키라.

5. 네 부모를 공경하라.

6. 살인하지 말라.

7. 간음하지 말라.

8. 도둑질하지 말라.

9. 네 이웃에 대하여 거짓 증거하지 말라.

10. 네 이웃의 집을 탐내지 말라.

The Ten Commandments

Exodus 20:1-17

1. You shall have no other gods before Me.

2. You shall not make for yourself an image in the form of anything in heaven above or on the earth beneath or in the waters below.

3. You shall not take the name of the LORD your God in vain.

4. Remember the Sabbath day, to keep it holy.

5. Honor your father and your mother.

6. You shall not murder.

7. You shall not commit adultery.

8. You shall not steal.

9. You shall not bear false witness against your neighbor.

10. You shall not covet your neighbor's house.

영어 성경 암송 습관

발 행 | 2020년 10월 12일
엮 음 | 다니엘 번역팀

펴낸이 | 박선주
펴낸곳 | 도서출판 은혜의강
출판등록 | 2020.06.17.(제399-2020-000029호)

주 소 | 경기도 남양주시 오남읍 양지로240번길 38, 207-903
이메일 | monamiesunju@naver.com
블로그 | https://blog.naver.com/monamiesunju

ISBN | 979-11-91137-02-6